顧問税理士のための

金融機関が提案する事業承継プランの構造がわかる本

税理士 村崎 一貴 著

税務経理協会

はじめに

　会社経営者は、日々様々な経営の悩みを抱えており、経営者の身近な相談相手として、解決に向けてのアドバイスが顧問税理士には求められている。例えば、その悩みの1つに経営する自社の事業承継があるが、親族内外問わず、会社経営を続けていく上で必ず経営及び財産の承継に関する問題があり、経営者はそれを解決していかなければならない。また、次世代にすぐ承継したいと考える経営者もいれば、中長期的に時間をかけて承継していきたいというニーズもあるため、経営者によって事業承継のプランは異なり、顧問税理士としては常日頃から事業承継についての悩みやニーズを経営者との日常会話の中から拾い上げる必要がある。なぜなら、会社の月次や決算の状況を経営者や会社関係者を除き、誰よりも早く知ることができる立場にいるからである。

　ただし、経営者の相談窓口は顧問税理士だけとは限らない。経営者は、取引銀行、証券会社等の金融機関や保険会社、その他コンサル会社等に対しても、顧問税理士と同様に、事業承継に関して相談や何らかのアドバイスを求めることが少なくない。そのため、しばしば経営者は、金融機関等からも事業承継に関する様々な提案を受けているケースが見受けられる。そして、その提案に対して顧問税理士は、スキーム実行の可否や留意点について、主に税務上のアドバイスやリスク等について説明を求められる。

　その際、金融機関等から経営者が受ける提案内容が、会社や経営者のことを十分理解し現状分析ができた上での提案であれば問題はないが、会社の決算書等一部の資料を基に簡易的に作成された提案書もあり、経営者が求めるニーズに沿ったものであるのか十分に検討されたものでないケースがある。また、現状分析をした上で作成された提案書であっても、提案スキームの複雑性や現在置かれている状況の複雑性から、スキーム実行により得られる効果以上に、税

務上のリスクや法務上のリスク、さらに親族間の争いに発展するような何らかのリスクが生じる可能性もある。それらリスクについては、金融機関等から提案時において適切な説明をしている場合であっても、税法だけでなく、会社法、民法等が絡み、かつ、親族内における感情面についても留意しながら進めていくべきであるため、その提案が経営者が思い描く提案であったとしても、経営者がそのリスク等について十分理解しているか、現実的に進められるのか、経営者が他の当事者へどのように説明していくのか、といったことまで経営者側ときちんと議論していく必要がある。

　そのため顧問税理士は、金融機関等から経営者に提出された提案書等について、その趣旨や内容、税務や法務等の取扱いについて整理し、その提案内容（スキーム）に関する相談を受けた際に的確にアドバイスできるよう、スキーム全体の理解と効果、留意点を押さえておく必要がある。また、当該スキームについて、提案された内容で想定される課題について整理するための補足的なアドバイスや、提案内容以外に経営者のニーズに合った手法等がないかを検討する必要がある。

　そこで本書では、経営者が一般的に抱えている事業承継に関する悩みに対し、一般的な提案が金融機関等からあったものと仮定して、当該提案内容についての効果、課題を整理し、顧問税理士としてスキームを検討して、又はより良い解決策があれば、その内容について提案するという流れで事例形式をもって解説する。

2024 年 11 月

村崎　一貴

CONTENTS

はじめに

第1章　早期の事業承継のための提案事例

---

1 持株会社設立と株式譲渡に関する提案 ･･････････････････････････ 2

2 相続時精算課税贈与による生前贈与に関する提案 ･････････････････ 17

3 事業承継税制を活用した生前贈与に関する提案 ･････････････････ 34

4 種類株式（無議決権）を活用した承継に関する提案 ･･･････････ 53

5 属人的株式を活用した承継に関する提案 ･･･････････････････････ 65

第2章　すぐには事業承継を伴わない組織再編の提案事例

---

1 株式移転・株式交換に関する提案 ･････････････････････････････ 76

2 会社分割に関する提案 ･････････････････････････････････････ 89

3 合併に関する提案 ･･･････････････････････････････････････ 98

4 子会社清算に関する提案 ･･････････････････････････････････ 109

5 オーナーの資産取得に関する提案 ･････････････････････････ 119

第3章　親族外承継でよくある提案事例

---

1 MBO（従業員・役員）による承継に関する提案 ･･････････････ 128

2 持株会設立と株式の集約に関する提案 ･････････････････････ 138

第 **1** 章

早期の事業承継のための提案事例

1 持株会社設立と株式譲渡に関する提案

　会社経営者が後継者へ自社株承継を行う際、後継者が出資して会社を設立（持株会社）し、持株会社で株式を買い取るスキームがある。会社経営者からすれば後継者へ株式を承継させたいが、自身の将来の老後資金も心配があり一定の対価を希望している場合には、株式譲渡により自社株承継を選択するケースが多い。経営を引き継いだ後継者からすれば、自社株の買取り資金を個人で拠出する資金余力がないため、個人間で売買せず、後継者が持株会社を設立し、当該会社で株式を買い取るスキームである。

　株式買取りは持株会社が行うため後継者個人での資金拠出が不要であり、また、持株会社で株式を取得する際に金融機関から資金調達を行うこととなるが、その返済原資は事業会社からの配当金を基にするため、事業会社の財政基盤や将来収益力が健全であれば、毎年の利益から一定の配当を持株会社へ支出することで返済が可能となる。その結果、後継者側では実質的に資金拠出なしで、株式を取得することができるため、事業承継の場では広く採用されている手法であるといえる。

会社情報

【株式会社甲社】

業種	卸売業
資本金等	10,000 千円
発行済株式総数	1,000 株
1株当たり資本金等	10,000 円
純資産（簿価）	220,000 千円
総資産	320,000 千円
売上高（直近）	140,000 千円
従業員数	6 名

【株主構成】

株主名	続柄	役職	株数	種類	議決権割合	相続税評価額
A氏	父	取締役会長	800株	普通株式	80%	104,000千円
B氏	叔父	取締役	100株	普通株式	10%	13,000千円
C氏	叔母	監査役	100株	普通株式	10%	13,000千円
D氏	本人	代表取締役	0株	普通株式	0%	0千円
合計			1,000株		100%	130,000千円

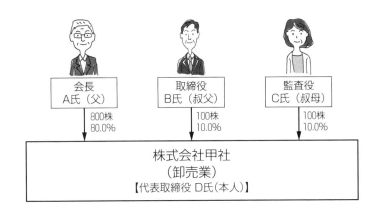

【損益推移】

(単位:千円)

	直前々期の前期	直前々期	直前期	直前期以降
売上高	45,000	110,000	140,000	増加傾向
売上原価	12,000	62,000	67,000	やや増加傾向
売上総利益	33,000	48,000	73,000	
販売費及び一般管理費	6,500	8,000	7,600	現状維持
営業利益	26,500	40,000	65,400	やや増加傾向
経常利益	3,500	27,000	31,000	
税引前当期純利益	5,000	21,000	28,000	
当期純利益	3,150	13,230	17,640	やや増加傾向

【財産推移】

(単位：千円)

	直前々期の前期	直前々期	直前期
現預金	65,000	77,000	78,000
売掛金	79,000	80,000	90,000
建物	125,000	110,000	105,000
土地	8,000	8,000	12,000
その他資産	50,000	43,500	35,000
総資産	327,000	318,500	320,000
未払金	1,870	4,140	4,000
短期借入金	30,000	27,000	21,000
長期借入金	100,000	80,000	70,000
役員借入金	6,000	5,000	5,000
総負債	137,870	116,140	100,000
純資産	189,130	202,360	220,000

個人財産情報

【A氏　財産一覧】		【D氏　財産一覧】	
資産		資産	
現預金	20,000 千円	現預金	2,000 千円
上場株式	5,000 千円	上場株式	500 千円
甲社株式	104,000 千円	不動産（自宅）	10,000 千円
不動産（自宅）	30,000 千円	資産　計	12,500 千円
資産　計	159,000 千円	純資産	12,500 千円
借入金	25,000 千円		
負債　計	25,000 千円		
純資産	134,000 千円		
相続税額	22,400 千円		

代表者D氏からの相談内容

① 株主A氏（父）が高齢となり、早期に保有する甲社株式を後継者であるD氏（本人）に承継したい。

② 株主A氏は、株式譲渡に当たって老後資金等のために一定の対価を希望している。

③ D氏としては既に代表取締役に就任しており、会社を継ぐ意思はあるものの、個人の資金は多くはないため株の買取り資金や相続発生時の納税資金といった金銭面を懸念している。

④ 甲社の経営は安定しているものの、借入金があるため融資の返済についても懸念している。

⑤ メインバンクである銀行へ事業承継について相談したところ次のような提案があった。

D氏からの相談を受けた銀行からの提案

D氏が新たに会社（乙社）を設立し乙社がA氏から株式を買い取る法人個人間売買

第1章　早期の事業承継のための提案事例　5

(1) 新設法人による買取りスキーム図と内容

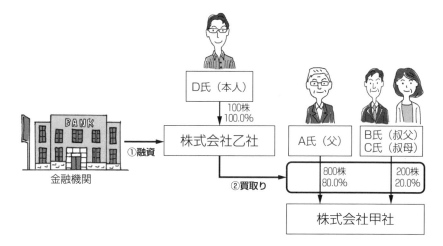

① D氏が金銭出資により新たに株式会社乙社を設立する。
② 乙社はA氏、B氏及びC氏が保有する甲社株式の全てを買い取る。
③ 買取り資金は金融機関からの融資を受けるため、D氏の資金負担は設立に係る資本金のみとなる。
④ 甲社株主全員からの株式買取りにより、D氏は乙社を介して甲社の経営権を確保することができる。
⑤ 乙社は金融機関への返済について甲社からの配当金をもとに返済を予定している。

(2) 新設法人による買取りスキームに関する解説

　現経営者はA氏の子供であるD氏であるが、会社の経営権は父のA氏及び親族が保有しており、所有と経営の分離が生じている状況にある。甲社株式の大部分を保有しているA氏が高齢なこともあり、D氏への事業承継は短中期的に対応することが求められている。

　金融機関としては、引き続き甲社との取引関係を維持するために甲社へ事業承継に関する提案（新設法人による買取スキーム）を提案しているものと推測される。また、D氏が甲社株主から株式を直接的に買い取るのではなく、新設

法人による買取りを提案している背景としては、D氏の個人財産が少なくD氏への融資を行うことが難しいことも理由として考えられる。

本スキームの場合、D氏が代表を務める乙社が甲社株主から株式を買い取ることにより、D氏の資金負担については設立に際して生じる資本金のみの負担で済み、持株会社としても設立費用等の負担のみで済む。また、A氏は株式の譲渡対価として現預金を取得することができるため、納税資金が不足傾向にある場合には有効的な手法であるといえる。ただし、現預金自体は相続財産に加味されるため、今後の甲社株式の価値変動によっては、譲渡せず株式のまま保有しておくことで現状より相続税負担が軽減されるケースも想定される。また、今回の株式買取りに当たってはA氏だけでなく親族のB氏及びC氏からの買取りが前提とされているが、両者に株式の譲渡意思があるかどうかを確認しておくことが必要となる。

(3) 買取り後の融資返済スキーム図と内容

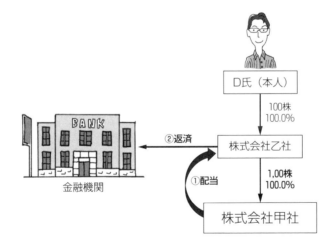

① 甲社は株主に対して配当金を支払う。
② 乙社は甲社からの配当金のうち、利子相当分を除いた額を融資の返済に充てる。

(4) 買取り後の融資返済スキームに関する解説

　A氏からの株式買取りに当たって乙社は金融機関から融資を受けるが、融資の返済については甲社からの配当金を原資として返済していくことが前提となっている。乙社はあくまでも持株会社であるため、事業収入等が生じることはなく乙社のみで融資を返済していくことは困難であるため、子会社となる甲社からの配当金により乙社は融資を返済する。

　本ケースの場合、甲社からの配当金については「完全子法人株式等」に該当し、甲社からの配当金の全額が益金不算入となる。また完全子法人株式等に係る配当については源泉徴収が不要であるため、甲社からの配当金の全てを返済原資とすることが可能となる。そのため、金融機関としては、個人間売買（A氏と甲社株主）よりも個人法人間売買（乙社と甲社株主）であれば、融資の返済リスクが低いと考えられることから、本スキームを提案していると推測することができる。

　また、A氏からの買取りだけでなくB氏及びC氏からの買取りも提案している背景としては、株式譲渡対価の返済に見合うだけの配当をする必要があり、仮にA氏からの買取りとなれば甲社からの配当金は他の株主（B氏及びC氏）へも支払う必要があり、甲社の資金負担が増加することから、甲社株主全員からの買取りを提案しているものと考えられる。

✐ 顧問税理士として判断すべきポイント

(1) 事前に確認すべき事項

① B氏及びC氏が保有する甲社株式の譲渡意思

　甲社株式をA氏から乙社（D氏）へ渡すタイミングで、親族株主であるB氏及びC氏からの株式買取りについて検討しておくことが非常に重要となる。特にB氏及びC氏が保有する株式については、万が一B氏及びC氏に相続が発生した際に両者の子供など、経営に関与していない者へ株式が渡る可能性があり、甲社の経営体制に支障が生ることが考えられる。

　理想としては、甲社株式を全ての株主から買い取ることによりD氏への事業

承継が完了することから、融資を受ける前の段階で株主間の関係性の把握や譲渡意思の確認を行うことで、後々のトラブルを回避する事が可能となる。

② 融資の返済と甲社の財産価値の検証・甲社からの配当金の取扱い

金融機関から融資を受けるに当たっては、甲社が返済期間中に一定額の配当金を支払うことが前提条件であり、金融機関から本スキームを提案していることから甲社には返済能力があると金融機関側は判断している。ただし、金融機関側としては融資の返済が可能かどうかのみを検討しており、融資返済による甲社の価値変動については考慮していないことが考えられる。甲社の会社規模は「中会社の小」に該当し、類似業種比準価額と純資産価額の併用により評価することとなる。甲社は乙社へ融資返済のために毎期配当金を支払うことにより毎期の利益金額が現状を維持したとしても、類似業種比準価額が高額になる可能性があるため、甲社株式の評価額推移について検証することが必要と考えられる。

(2) 税務面の確認ポイント

① スキームにおける税負担（所得税・法人税・相続税・流通税等各税目への影響）

本スキームを実行した場合、甲社株主には譲渡所得に対して所得税が、持株会社では乙社の設立に際して登記費用及び登録免許税が課せられる。

まず、甲社株主に対して課せられる所得税は、甲社株式の譲渡代金から取得費（甲社株主が甲社株式の取得に際して支出した額）を控除した残額に対して20.315％がかかる。実務上、取得費が不明なケースは多々あるが、取得費が不明な場合には譲渡代金の5％を取得費とすることができる。ただし、取得費を譲渡代金の5％とした場合には所得税の負担が重くなる可能性があるため、取得費について把握できるよう株主名簿の作成や贈与・譲渡契約書の保管の確認を事前に行っておく必要がある。

乙社の設立に際して登録免許税が乙社へ課されるが資本金×0.7％と6万円のいずれか低い金額が登録免許税として課されるため、一般的には100万円や10万円で出資する。

第1章　早期の事業承継のための提案事例　　9

② 納税資金の手当

D氏がA氏へ株式譲渡を行わないまま相続が発生した場合、相続税として約22,400千円がD氏に課せられ、現状の納税資金（22,000千円＝A氏現預金：20,000千円＋D氏現預金：2,000千円）では相続税の納税資金が不足すると推測されるため、納税資金の手当てを行う必要がある。

納税資金の手当ての手段として「金庫株特例」を活用することも想定される。金庫株特例とは、相続開始日の翌日から相続税の申告期限の翌日以後3年を経過する日までの間に会社に対して株式を譲渡した場合には、その譲渡所得に対しては総合課税ではなく分離課税が適用されるというものである。通常は自己株式として取得した場合には譲渡者に対してはみなし配当課税（最高税率：49.44％）が適用されるため所得税の負担が重くなる。一方で、相続した株式を会社に対して売却した場合にはみなし配当課税ではなく、通常の分離課税（20.315％）の適用となる。また、「取得費加算」についても活用することができるため、相続で取得した株式の譲渡に当たっては通常よりも優遇されている。

ただし、D氏に相続が発生した際の甲社株式の評価額は今以上に高額となり、金庫株特例を活用したとしても納税資金の手当てができないことも想定されるため、A氏への事業承継についてはD氏の生前に承継を行うことを前提に検討していく必要がある。

【株式譲渡による承継を選択した場合】

(単位：千円)

譲渡者	譲受者	1株単価 ① 法人税時価	譲渡株式数 ②	譲渡代金 ③ ①×②	取得費 ④ 額面と想定	譲渡税 ⑤ (③-④)× 20.315％	手取り額 ⑥ ③-⑤
A氏	乙社	150,000円	800株	120,000	8,000	22,753	97,247
合計			800株	120,000	8,000	22,753	97,247

本スキーム（D氏が新たに会社を設立（乙社）し乙社がA氏から株式を買い取る法人個人間売買）を実行した場合には、A氏が保有する甲社株式の譲渡代金として約98,000千円（所得税控除後）が現預金に変わるため、相続税の納税資金については確保することができる。

一方で、A氏の推定相続税額は譲渡前と後で大きく変わらないことから、A氏が保有する現預金を生前のうちにD氏へ贈与等を行い、納税資金の前渡しを行っていくことを提案することが考えられる。

【A氏　財産一覧】
（株式譲渡後）

資産	
現預金	118,000 千円
上場株式	5,000 千円
甲社株式	0 千円
不動産（自宅）	30,000 千円
資産　計	153,000 千円
借入金	25,000 千円
負債　計	25,000 千円
純資産	128,000 千円
相続税額	20,600 千円

(3)　経営面の確認ポイント

①　乙社の経営方針（事業持株会社・純粋持株会社）

乙社については、本スキームを実行した場合には甲社の株式のみを保有する資産構成となるため純粋持株会社に該当することとなる。純粋持株会社のメリットとして、子会社の事業・財務において独立していることから子会社の管理を行いやすいことが挙げられるが、乙社の資産は甲社株式のみであることが想定されるため、「株式等保有特定会社」に該当し純資産価額での評価となるデメリットがある。

甲社の事業の一部を乙社へ移行した場合には事業持株会社となり、甲社及び乙社の関係性は純粋持株会社と比べてより強固なものとなるが、子会社（甲社）との切り離しが難しくなることから、将来的に甲社のM&Aを検討している場合には再度組織再編等が必要になるデメリットがある。

ホールディングス体制についてはメリットやデメリットがそれぞれあるため、乙社の設立前にD氏の経営方針を確認する必要があり、設立後も定期的なヒア

リングを行い、時々で適切なホールディングス体制を構築していく必要がある
と考えられる。

② 甲社の財務リスク

本スキームを実行した場合、甲社は甲社名義の借入金返済だけでなく、間接
的に乙社の借入金も負担していると考えられることから、甲社の事業継続性に
ついてリスクを検討する必要がある。

本スキームでは甲社の財務に依存しているため、甲社での大規模修繕や設備
投資について金融機関側は事前に把握していると考えられるが、再度確認をし
ておくことが望ましい。仮に財務リスクがある場合には、他の事業承継案へ切
り替えていく必要がある。また、財務リスクだけでなく甲社が置かれている経
営環境のリスクについても予め検討しておくことで、本スキームを実行すべき
かどうかの判断材料がより明確になっていくものと推測される。

(4) 家族面の確認ポイント

① Ａ氏の生活資金

甲社株式を譲渡した後もＡ氏には一定の生活資金を確保しておく必要があ
るため、Ｄ氏への承継負担の軽減とあわせて検討することが必要となる。まず
は、Ａ氏が甲社株式を手放した後も甲社で会長として残ることが前提であれば、
甲社からの給与や公的年金が生活資金となるが、株式の譲渡とあわせて役員を
退任する場合には、甲社から支払われる退職金や公的年金が主な収入源になる
ため、Ａ氏が納得するかどうか確認しておく必要がある。

なお、甲社から退職金を支払うことで甲社株式の評価上も株価が低くなるこ
とから、退職金の支給とＤ氏への承継は同時期に行うことが重要である。

② 甲社株式の承継方針の検討

Ｄ氏へ事業承継を行った後も、Ｄ氏が保有する株式を次世代（Ｄ氏の子供等）
へどのように渡していくのか考える必要がある。昨今、会社の後継者が見つか
らず廃業になるケースが増えており、後継者等の人材確保は中小企業にとって
の死活問題となっている。

Ａ氏からＤ氏への承継だけでなく、Ｄ氏から子供等もしくは従業員への承継

についても検討することで、より甲社に合った承継方法を提案することが可能となる。

(5) 検討結果

持株会社への株式譲渡は、譲渡税負担や後継者が承継する会社資金の多くが、自社株買取り資金に充てられることとなる懸念がある。そのため、資金負担を考慮し、次のような提案も考えられる。

> 💡 **本スキームに代わる代替案**
> D氏への事業承継税制による生前贈与

(1) 事業承継税制による生前贈与スキーム図と内容

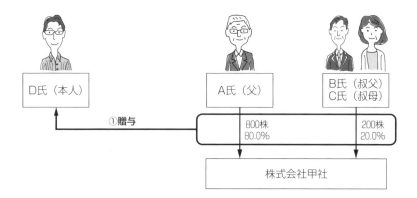

① 事業承継税制を活用し、A氏、B氏及びC氏が保有する株式を、D氏へ相続時精算課税制度により贈与を行う。
② 自社株の買取り資金は不要となり、贈与税負担がD氏に生じるが、贈与額から控除額を差し引いた残額に20％の贈与税負担で済むほか、贈与時の株価で固定されるため、A氏に相続が発生した際の負担軽減にも繋がる。
　また、事業承継税制の活用により、要件充足を継続できる限り、実質贈与税及び相続税の負担なく（納税猶予）、自社株の承継が可能となる。

(2)　事業承継税制による生前贈与スキームに関する解説

　金融機関からのスキームの代替案として、事業承継税制を活用した承継方法が考えられる。本スキーム（D氏への事業承継税制による生前贈与）では、乙社を設立し融資を受ける必要がないため、甲社の財務リスク及び融資の返済プラン等の検討が不要となるが、事業承継税制の活用に当たって要件を充足しているかどうかの検討を行う必要がある。

　「事業承継税制（租税特別措置法70条の7の5（非上場株式等についての贈与税の納税猶予及び免除の特例））」とは、後継者が先代経営者等から贈与・相続により株式を取得した場合に、一定要件を満たすことによって贈与税・相続税を猶予する制度である。本制度では先代経営者だけでなく先代経営者以外の者から取得する株式も対象となるため、B氏及びC氏の株式についても対象となる。事業承継税制の適用要件は多々あるが、主な要件としては「先代経営者の要件」、「後継者の要件」、「適用会社の要件」、「継続要件」がある。

　先代経営者の要件としては贈与の直前において退任しており、贈与・相続の直前において本人と同族株主との議決権割合が総議決権数の過半数を占めていることが挙げられる。後継者の要件としては贈与日において役員経験年数が3年以上であり贈与時において本人と同族株主との議決権割合が総議決権数の過半数を占めていることが挙げられる。また、適用会社の要件としては経営承継円滑化法上の中小企業者に該当しており、上場会社や資産管理会社、風俗営業会社に該当していないことが挙げられる。最後に、継続要件として事業承継税制の適用後、事業継続期間中にあっては毎年、継続届出書及び年次報告書の提出が、同期間経過後にあっては3年毎に継続届出書の提出が必要となる。

14

(3) 生前贈与後のスキーム図と内容

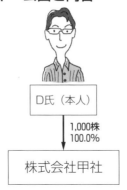

① 事業承継税制による贈与により、D氏が甲社株式の100％を直接保有する資本構成となる。
② 相続時精算課税制度による贈与のため、A氏に相続が発生した際には相続財産に甲社株式が含まれることとなるが、贈与時点での株価で固定されるため、相続発生時に株価が上昇傾向にある場合には有効的である。

(4) 生前贈与後のスキームに関する解説

甲社株式について事業承継税制を活用して贈与することにより、一定の条件を満たす必要はあるが、贈与税及び相続税の全額を猶予することができるため、本スキームを実行した場合に生じる贈与税額の約15,600千円については全額が猶予され、贈与時においてはD氏に資金負担が一切生じない。また、相続時精算課税制度による贈与を選択することにより相続発生時の甲社株式は贈与時の株価で固定されるため、万が一猶予が取消しになったとしても納税額の軽減が可能となる。A氏に相続が発生した場合には、相続税の納税猶予制度へ切り替えることにより、贈与税の猶予税額は全額が免除され、さらに株式に係る相続税については猶予されることとなる。

【納税猶予（精算課税制度）による承継を選択した場合】

(単位：千円)

贈与者	1株株価 ①	株数 ②	評価額 ③ ①×②	控除額 ④	課税標準 ⑤ ③－④	贈与税 ⑥ ⑤×20％	納税猶予額 ⑦ ⑥
A氏	130,000円	800株	104,000	26,100	77,900	15,580	15,580

ただし、事業継続期間中にあっては、毎年、継続届出書及び年次報告書の提出が、同期間経過後にあっては、３年毎に継続届出書の提出が必要となる。仮に、届出を失念した場合にはその時点で猶予額の取消しとなるため留意する必要がある。

　また、本スキームの実行に当たっても、Ｄ氏以降の事業承継について検討していく必要がある。つまり、Ｄ氏が取得した甲社株式についてはＤ氏の子供といった次世代の後継者も納税猶予を継続して活用する事が前提であることから、仮にＤ氏の子供が納税猶予を取りやめた場合には猶予額及び利子税についてＤ氏の子供が負担することになる。納税猶予の取りやめについても一定の場合であれば軽減措置があるが、原則としては事業承継税制による承継は一代限り（Ａ氏からＤ氏）の承継ではなく、二代目以降（Ｄ氏からＤ氏の子供）も承継し続けていく必要があるため、適用に当たっては様々な要素を考慮していく必要がある。

　Ｂ氏及びＣ氏が保有する株式についても事業継承税制の対象にはなるが、将来のＢ氏及びＣ氏の相続及び相続税申告にＤ氏が関わることとなり、相続トラブルに発展する可能性もあるため、事前に買い取っておくことが望ましい。

(5)　まとめ

　本事例では、相談を受けた銀行が株式譲渡を提案した事例について解説を行った。株式譲渡であれば、金銭での精算を行うことができるため有効的な手段である一方で、金融機関等からの融資といった資金負担が後継者に生じることや、当該資金が将来の自社株に代わり、相続財産を構成することから、譲渡だけではなく、贈与、特に事業承継税制といった手法についてもあわせて検討することが望ましいと考える。事業承継税制は、要件の複雑さや長期的な要件充足の必要性から特に後継者側で敬遠されることがあるが、一方で制度理解やメリットについて顧客への十分な説明をするべきであると考える。

2 相続時精算課税贈与による 生前贈与に関する提案

　会社経営者が後継者へ自社株承継を行う際には、後継者に対して譲渡ではなく贈与により承継することも事業承継のスキームとして考えられる。むしろ、同族会社において、親から子への親族内承継においては、株式承継についてできる限り負担なく承継することを望むケースが多いため、株式譲渡でなく贈与による承継を選択することの方が一般的である。

　贈与に当たっては、「暦年贈与」と「相続時精算課税贈与」がある。「暦年贈与」を選択する際は、毎年基礎控除（110万円）の範囲で贈与するか、一定程度贈与税の負担をしてでもある程度の額を贈与しそれを複数年継続していくことで徐々に承継していくことになる。一方、「相続時精算課税贈与」は、経営者が保有する株式のうち全株ないし大半の株式を一度に承継する際に用いられることが多い。どちらの制度を選択するかについては、現経営者の年齢や承継意思、後継者の資金負担等を考慮し、いずれかの制度で承継を行うこととなる。とりわけ、会社の株価が高く業績が好調であるために、将来的にも株価が上昇することが想定される場合には、相続時精算課税贈与を選択し贈与をすることによって、贈与した株式が将来の相続財産に持ち戻されるものの、その加算額は贈与時の株価によって固定されていることから実質的に相続税の負担も軽減することができる手法ともいえる。自社株承継においては、他の財産の贈与に比べ、比較的「相続時精算課税贈与」が選択されるケースが多いのではないかと思われる。

　もちろん、長期的な視点に立てば、暦年贈与による承継も一定程度株式承継をすることが想定できるが、将来上昇傾向にある株価次第、また、会社経営者が保有している株式数次第によっては数十年かけたとしても後継者の税負担が重くなる可能性がある。暦年贈与の場合は、現在及び将来の贈与税負担を考慮すると、後継者への事業承継に想定以上の長期の時間を要することも想定され

ることから、時間にゆとりのある場合に採用される傾向にある。

会社情報

【株式会社甲社】

業種	建設業
資本金等	50,000 千円
発行済株式総数	100,000 株
1株当たり資本金等	500 円
純資産（簿価）	650,000 千円
総資産	1,000,000 千円
売上高（直近）	1,600,000 千円
従業員数	20 名

【株主構成】

株主名	続柄	役職	株数	種類	議決権割合	相続税評価額
A氏	本人	代表取締役	47,000 株	普通株式	47 %	141,000 千円
B氏	配偶者		46,000 株	普通株式	46 %	138,000 千円
C氏	長男	取締役	2,000 株	普通株式	2 %	6,000 千円
D氏	長女	取締役	5,000 株	普通株式	5 %	15,000 千円
合計			100,000 株		100 %	300,000 千円

【損益推移】

(単位：千円)

	直前々期の前期	直前々期	直前期	直前期以降
売上高	1,700,000	2,900,000	1,600,000	短期的に減少
売上原価	1,500,000	2,600,000	1,500,000	短期的に減少
売上総利益	200,000	300,000	100,000	
販売費及び一般管理費	120,000	140,000	120,000	短期的に減少
営業利益	80,000	160,000	−20,000	短期的に減少
経常利益	75,000	107,000	30,000	短期的に減少
税引前当期純利益	55,000	99,000	−50,000	
当期純利益	34,650	62,370	−50,000	短期的に減少

【財産推移】

(単位:千円)

	直前々期の前期	直前々期	直前期
現預金	280,000	340,000	550,000
売掛金	80,000	100,000	130,000
建物	19,000	18,000	22,000
土地	81,000	60,000	60,000
その他資産	920,000	882,000	238,000
総資産	1,380,000	1,400,000	1,000,000
未払金	312,370	200,000	110,000
借入金	180,000	300,000	200,000
その他負債	250,000	200,000	40,000
総負債	742,370	700,000	350,000
純資産	637,630	700,000	650,000

個人財産情報

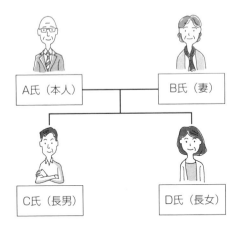

第1章 早期の事業承継のための提案事例

【A氏　財産一覧】	
資産	
現預金	30,000 千円
甲社株式	141,000 千円
不動産（自宅）	60,000 千円
資産　計	231,000 千円
借入金	0 千円
負債　計	0 千円
純資産	231,000 千円
相続税額	34,750 千円

（※）配偶者控除考慮前

【C氏　財産一覧】	
資産	
現預金	12,000 千円
不動産（自宅）	6,000 千円
資産　計	18,000 千円
純資産	18,000 千円

代表者A氏からの相談内容

① 高齢になったために自分や妻であるB氏も会社を長男であるC氏に対して引き継がせたい。

② C氏は甲社の役員に就任し5年ほど経過しており、社内での評価も高く経営能力もあるため、承継後も会社経営に不安はないと考えている。

③ 退職するに当たっては妻であるB氏とともに退職金を受け取ることや、C氏には子供がおり資金負担をかけることは好ましくないと考えている。

④ C氏とD氏は兄妹であるが、会社経営は従来より長男であるC氏に引き継ぐことを話しており、長女へ承継するつもりがないことは2人に話している。

⑤ 会社の業績については直前期の事業において一時的な赤字が生じており、結果として自社株承継において通常期よりも株価が低くなることが見込まれるので、このタイミングで実施しておきたい。

⑥ A氏は、証券会社から、生前贈与についてこの時期に実施することで将来不安がなくなることを聞き、詳細の説明を受けることとなった。

A氏からの相談を受けた証券会社からの提案

A氏及びB氏からC氏への相続時精算課税贈与による贈与

(1) スキーム図と内容

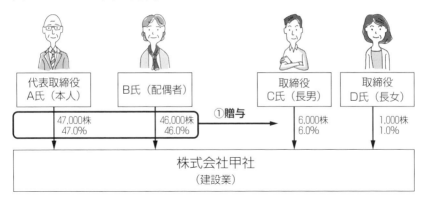

① A氏及びB氏が保有する甲社株式を相続時精算課税贈与によりC氏へ贈与する。

② A氏及びB氏からの贈与については、いずれも2,500万円まで非課税（2024年からは110万円の基礎控除分も非課税となる）となり、超えた分についてC氏が20％の贈与税を負担する。

③ 将来のA氏及びB氏の相続については、贈与時の株価でいずれも持ち戻して相続税を計算することとなる。なお、相続税額から②で負担した相続税は控除される。

④ 贈与により甲社の株主構成はC氏が99％、D氏が1％を保有する構成となり、贈与時点において後継者となるC氏への事業承継が完結する。

【相続時精算課税贈与の概要】

非上場株式の贈与の価額	相続税評価額を基準に決定
適用対象者	（特例）贈与者は満60歳以上の直系尊属（親・祖父母） 受贈者は満18歳以上の直系卑属（子・孫　養子も含む）
適用を受けるための手続き	受贈者が贈与税の申告期限（翌年3月15日）までに税務署に届出書を提出する。 一度、届出書を提出して相続時精算課税制度を選択すると、取消しをすることはできない。
他の者から贈与があった場合	相続時精算課税制度の選択は、親・子（1対1）ごとに選択する。したがって、父からの贈与についてのみ相続時精算課税制度を選択した子は、母、祖父母、その他の者から贈与を受けた場合には、従来の暦年贈与（年110万円まで非課税）の適用を受けることになる。
贈与税の計算方法	贈与財産の価額の累計額が2,500万円を超えた場合、超える部分の金額について**一律20％**が課税される。なお、贈与の回数・年数・財産の種類に制限はない。 【令和6年1月1日以降に行う贈与の取扱い】 （※）令和5年度改正 贈与財産の価額の累計額が2,500万円を超えた場合、超える部分の金額について一律20％が課税される。なお、贈与の回数・年数・財産の種類に制限はない。 **相続時精算課税制度で受けた贈与に係るその年分の贈与税の計算において、基礎控除110万円を控除できることになる。** **相続時精算課税制度の累計の非課税枠2,500万円、暦年贈与の基礎控除110万円は別枠となる。**
相続税の計算方法	特例贈与者の相続税の計算上、相続時精算課税制度により生前贈与した財産の贈与時の価額の合計額を相続税の課税価格に加算する。一方、既に支払った贈与税は相続税額から差し引くことができる。 【令和6年1月1日以降に行う贈与の取扱い】 （※）令和5年度改正 特例贈与者の相続税の計算上、相続時精算課税制度により生前贈与した財産の贈与時の価額の合計額を相続税の課税価格に加算する。 **ただし、相続時精算課税制度の基礎控除110万円により贈与税の非課税となっている金額は対象外となる。** 一方、既に支払った贈与税は相続税額から差し引くことができる。

(2)　スキームに関する解説

　本スキームでは、C氏の両親であるA氏及びB氏からの贈与により、甲社の大部分をC氏に承継することができ、また、贈与税の負担についても暦年贈与による贈与と比較して大幅に軽減することができるためA氏の希望に沿った提案と考えられる。

【相続時精算課税制度による承継を選択した場合】

(単位：千円)

贈与者	1株株価 ①	株数 ②	評価額 ③ ①×②	控除額 ④	課税標準 ⑤ ③－④	贈与税 ⑥ ⑤×20％
A氏	3,000円	47,000株	141,000	26,100	114,900	22,980
B氏		46,000株	138,000	26,100	111,900	22,380
合計		93,000株	279,000	52,200	226,800	45,360

　将来の相続時においては、「贈与時の株価」で相続財産として加味されることになるため、将来上昇傾向にある自社株については、値上がり前に承継することができれば、贈与せずに相続時に承継する場合と比較し、値上がり額にかかる相続税負担を抑える効果が期待できる。また、贈与時点で株式の所有権は、後継者であるC氏に移転するため、その後に受ける配当金についてもC氏の財産になる。その結果、自社株承継後の配当についても、C氏が受け取ることが可能となり、会社の貢献に応じた配当を後継者に残すことも可能となる。なお、贈与スキーム実行後も1％とはいえ、D氏が甲社株式を保有し続ける状態となるため、その後の対応として、D氏からC氏への贈与・売買もしくは甲社による自己株式としての買取りといったことをあわせて提案されることも一般的である。

✎ 顧問税理士として判断すべきポイント

(1)　事前に確認すべき事項

①　C氏及びD氏の事業承継意思の確認

　現時点では代表者であるA氏からの相談であり、後継者であるC氏やその兄

第1章　早期の事業承継のための提案事例　*23*

弟であるD氏の意見を聞くことができていない。仮にD氏が甲社の経営者となりたいといった希望があるにもかかわらず、一方的にC氏への承継を進めてしまうとトラブルになり得るため、承継意思を確認しておくことが重要である。

　また、当然ではあるが、C氏についても事業承継の意思やその覚悟等があるかどうかを確認する必要がある。株価上昇リスクを危惧するあまり、早期に自社株承継を進めてしまい、後継者側に会社を引き継ぐ意思がない場合、贈与側が期待する経営能力を発揮できない場合には、会社運営に支障をきたす可能性があるからである。贈与により、後継者が株式をほぼ全株式を保有する以上、役員選任等の会社の意思決定権は後継者が保有することになり、万一会社経営上問題が生じた場合には、自社株を買い戻すか再度贈与により譲り受ける（逆贈与）必要があり、買取りコストや想定以上のコスト負担が生じてしまうこととなる。

②　承継後の事業方針

　後継者へのバトンタッチ後、代表者の経営方針から一転した方針をとることで、事業承継後に家族間の仲が険悪になるケースも多々ある。この場合には、従前から後継者は経営プランを考えていることが多く、承継前のヒアリングで把握することによって、後継者と現経営者の意見をすり合わせることができる。また、会社経営において、議決権を確保することが最重要であることを代表者がどれだけ理解できているかについても把握しておく必要がある。同族会社において、特に自身や親族で大半の株式を保有している場合、たいていは、株式の議決権を持って経営しているというよりは、会社の代表取締役としての立場で経営している感覚であり、株式の保有割合等を意識していないケースが少なくない。法務上は株式（議決権）の確保により経営権を持つことができることの実感がないため、自社株の承継について単なる相続の問題ととらえてしまっている。しかし、事業承継は、経営の承継でもあるため、代表者がこれまで経営してきた事業を後継者が引き継ぐことを期待して実施するわけであるから、後継者の事業方針が代表者の望む方向であるのか、どのような事業計画を描いているか、実現可能性があるのかについて十分議論した上で判断しているのかを確認しておく必要がある。

(2) 税務面の確認ポイント

① スキームにおける税負担

　贈与時には、2,500万円（及び110万円の基礎控除）を除いた金額に対し、20％の贈与税負担で済むため、贈与時のコストについては、通常の暦年贈与と比較して負担を軽減することができる。

　将来の相続税においては、相続財産に持ち戻して課税されることとなるため、将来の相続税のシミュレーションが必要である。相続時精算課税贈与は、「贈与時の株価」で相続財産に持ち戻されるため、基本的に将来値上がりする資産や運用収益を生む資産について適用することが望ましいとされるが、反対に値上がりすることがなく、もしくは運用収入がないもの（例えば現金）やむしろ値下がりするような場合にも、贈与時の価額で固定されてしまうことから、税負担においてむしろ負担増となる可能性もある。したがって、現在だけでなく、将来の株価がどうなるかについて複数シミュレーションした上で、値下がりした場合にも一定の相続税負担が強いられるリスクも考慮して選択する必要がある。理想としては、贈与時の株価が将来にわたって底値であることが望ましいと考えられるため、今後の事業計画や設備投資計画等も可能な限り精査しておく必要がある。また、株価に与える影響として、代表者の退任時における退職金があり得るため、退職金を支給した場合の株価シミュレーションも必要となる。

　一方、退職金の支給は、退職金にかかる所得税等の負担だけでなく、代表者の相続財産の増加にもつながるため、自社株の評価額について減少するとしても、代表者の相続財産全体からすれば、むしろ、資産が増え相続税が増加する点も留意が必要である。

② 遺留分の計算

　代表者から後継者であるC氏に自社株の大半が贈与される場合には、C氏の兄弟であるD氏への財産承継について、どのような手当てがされるかについては確認が必要である。具体的には、将来の代表者の相続において、遺留分争いが生じた際にC氏からD氏へ一定の財産が移転してしまうリスクである。相続問題によって、C氏側に相続税だけでなく、多額の遺留分の負担が生じてしま

うこととなり、C氏の個人資産の大半を失う可能性がある。また、個人資産だけで清算ができない場合、会社財産はあくまで事業に必要な資産であるにもかかわらず、相続争いによって、会社の財産を失うこととなってしまう。そのため、事業承継の場においては、自社株承継によって、後継者と後継者以外の推定相続人にどのような財産承継を予定しており、その結果、推定相続人の間でどの程度受け取る財産に差が生じているかについて考慮しておくことが重要である。

(3) 経営面の確認ポイント

① 甲社の財務リスク

　代表者から後継者への事業承継においては、　自社株の譲渡と同時に代表権を譲り、経営承継も想定されるところである。代表権を退く際は、代表者に対しこれまでの功績を称え退職金支給を行うことが一般的である。事業承継としては、相続時精算課税贈与を選択するため、贈与税以外の納税資金は当面発生しない。

　また、贈与税や将来の相続税負担も、後継者が負担するものであるため、会社側で事業承継資金を手当てする必要はないものの、退職金を検討する場合にはその原資をどうするかについて検討が必要である。通常の場合は、生命保険等の積立てによる手当てをしているものと思われるが、退職金の支給額に見合う資金が会社にあるのか、不足している場合に会社の余剰資金で手当て可能かどうか検討が必要である。会社資金で不足している場合には、金融機関等からの資金調達が考えられるが、審査等にも時間がかかるため、早めの検討が望ましい。また、退職時に全額支払わず、一定期間にわたって退職金を分割払いで支給する方法も選択肢としてはあるが、その場合、将来の事業計画をもって支払いスケジュールを事前に整理しておく必要がある。

　なお、退職金の未払計上については、税務上損金として認められるかについても検討しておく必要がある。法人税法上は、代表取締役を辞任し、その後の株主総会等で退職金の決議をしたことをもって退職金の具体的な金額が確定し、原則としてその日の属する事業年度の損金に算入されることとなる。分割払い

の場合にも、株主総会等の決議日の事業年度の損金に算入し経理上未払計上することとなるが、支払時の事業年度の損金に算入することも認められる。どちらを選択するかで法人側の損金額に影響が生じ、ひいては法人税等の負担にも影響することとなる。さらに、分割払いについては、無制限に認められるわけではなく、あまりに長期にわたる分割払いの場合には、退職一時金としての扱いでなく、退職年金とみなされてしまう。退職年金となれば、退職金を受け取る代表者側の所得税の課税関係においても、退職所得でなく、雑所得（退職年金）として取り扱われることとなる。退職後の代表者の所得の状況にもよるが、一般的に雑所得の方が退職所得よりも税負担が重くなることが多く、分割払いとしての期間を長く設定することで代表者の退職金の手取り額に影響を及ぼすこととなるため、分割払いの期間については、退職一時金として判断できる期間内が望ましい。

② 会社保有資産の含み損益

　退職金を支給する場合に、過去から積み立てている保険等があれば取り崩すこととなるが、保険の解約返戻金とこれまでの積立金との差額について、含み益が実現することとなる。また、同様に上場株等の有価証券の売却をもって、退職金の原資とする場合にも、売却益が実現することとなる。退職金の損金算入時期と同時期であれば、保険等の実現する含み益と退職金額とが相殺されるため、法人税等に与える影響は抑えられるが、決算期をまたぐ場合、含み益の実現に対する法人税等の負担について考慮する必要が生じる。

(4) 家族面の確認ポイント

① 自宅について

　代表者の財産の一部に自宅があるが、自宅は現状誰と住んでおり、将来誰に相続させるかについても確認しておく必要がある。通常の場合、配偶者が同居しているため、相続時に配偶者が相続することが一般的であるが、Ｃ氏及びＤ氏が現状同居しているのか、別居だとしても将来同居する予定があるのか、さらにはＣ氏及びＤ氏のいずれが相続することを想定しているのかについて自社株承継のタイミングで同時に把握しておく必要がある。自宅については、将来

の相続において小規模宅地等の特例といった財産取得者に対する恩典があることももちろん重要であるが、将来の相続で取得する資産について、特にＣ氏とＤ氏との財産割合が大きく異なる場合、自宅を将来的にどちらが相続するかによって遺留分問題に発展する可能性があるからである。例えば、既に自宅はＤ氏が同居しており、将来的にＤ氏に相続させることを想定している場合に、配偶者でなく、Ｄ氏に相続させることでＤ氏のＣ氏に対する遺留分の計算上考慮されることになるため、Ｃ氏にとってはあらかじめＤ氏に自宅を相続してもらうようにすることで、自社株承継においても有利に働くこととなる。

　もちろん、配偶者にとっては、夫婦で残してきた財産という意味合いが強いことが想定されるため、配偶者の理解を十分に得る必要がある。場合によっては、配偶者居住権を配偶者に残すことも選択肢の１つである。

②　Ｃ氏及びＤ氏の関係性

　Ｃ氏に自社株を贈与する場合、Ｄ氏が承継する資産は自社株以外となるが、将来の納税資金や自宅等の取扱い如何によって、Ｃ氏とＤ氏との間で代表者から贈与を受ける財産や将来相続される財産に大きな差が生じることとなるため、普段からの関係性について把握しておく必要がある。

💡 本スキームを補足する提案

将来の相続に備えた遺言

　Ｃ氏及びＤ氏との関係性にもよるが、たとえ関係性が良好だったとしても、将来の相続において兄弟間の争いに発展する可能性があるのであれば、自社株承継と同時期又はその前後において代表者による遺言書の作成が望ましい。

　遺言書の内容は、Ｃ氏が自社株承継後に遺留分による資金流出を防ぐことを目的とするため、Ｄ氏に遺留分相当の財産を残す内容とするかが重要なポイントとなる。自宅についても、誰に相続させたいかという意向に沿って、配偶者を基本線としても、あえてＤ氏（Ｄ氏に残したい場合）に相続させる内容にしておくことで、相応に遺留分対策になる。退職時の退職金の手取り額は、納税資金にも遺留分対策の資金にもなるため、退職金の検討は遺留分対策にも多分

に影響を及ぼすが、遺言の作成においては退職金支給後に現預金が同額増加したものと想定しておくことが望ましい。Ｃ氏に対しては、現預金を遺言で残すのではなく、生前のうちに納税資金をある程度確保しておくことが必要である。また、事前に代表者が自身を被保険者、受取人をＣ氏とする保険契約を締結しておくことで、Ｃ氏にも相応の納税資金を確保しておくことが可能である。死亡保険金は、被相続人の資産でなく、相続人固有の資産であるため、原則として遺留分対象財産からは除外される。経済的な観点や気持ちの面では、多額の財産を残すＣ氏よりもＤ氏に自社株以外の資産を承継させたいと思うのが一般的であるが、自社株承継後の納税資金や遺留分を考慮すると、あえてＣ氏が死亡保険金を受けられるように準備することで、結果として事業承継が円滑化し、相続争いによる社外流出から会社を守ることに繋がることとなるため、Ｃ氏及びＤ氏の関係性によっては重要であると考えられる。

　遺言は、代表者が後継者及び相続人のために作成するものであるが、１人で作成するのではなく、配偶者も同時に書いておき、相互に残したい財産があった場合に、遺言者より先に死亡したときに次の相続まで予定しておけば遺言の不備も防げるため、予備的遺言として相互の遺言内容に盛り込んでおくことが望ましい。

　また、遺言は、一般的に自筆証書遺言と公正証書遺言のいずれかを選択し作成することとなる。手間や費用からすれば自筆証書遺言が作成しやすいものの、財産内容や将来の相続問題を考慮するのであれば、やはり公正証書遺言により作成し、できれば遺言執行者も定めておくことが望ましい。遺言執行は相続人の１人を指定して遺言書に記載することもできるが、相続人間の関係性によっては、遺言執行時に精神的な負担にもなり得るため、安易に決めず、事前に執行者と指定する者に相談したり、場合によっては第三者に依頼することも選択肢の１つである。

【遺言】

	自筆証書遺言	公正証書遺言
概要	遺言者が自筆 （財産目録に関しては、ワープロ等可）	公証人からの聞き取りにより、 公正証書として作成
証人	不要	必要（2名以上）
保管場所	遺言者が自宅等で保管 又は、法務局で保管	公証役場で保管
検認	家庭裁判所での検認が必要 （法務局の保管制度利用時は不要）	不要
費用	かからない （法務局の保管制度利用時は少額かかる）	かかる
その他 特徴	形式・内容不備で無効となる恐れあり	遺言書の偽造や紛失の心配なし 正確性や安全性に優れている

💡 本スキームに代わる提案

C氏とD氏の関係性を考慮し、株式譲渡の実施による遺留分対策

　C氏とD氏との関係性が良好でなく、将来的に相続争いや遺留分争いに発展することが想定されている場合において、自社株承継について生前贈与による承継でなく、あえて代表者を売主、C氏を買主とする個人間売買により承継することで事業承継を完了させる手法である。買主はC氏個人でもよいが、C氏個人での資金調達が難しい場合には、C氏が株主かつ代表者である持株会社を設立し、金融機関等からの資金調達により持株会社で取得する。

(1)　スキームに関する解説

　自社株承継については、財産の承継はもちろんであるが、事業が継続できるよう経営の円滑な承継も考えなければならず、場合によっては相続税等の事業承継コストよりも、遺留分への対策を重視したスキームを検討する必要もある。事業承継の結果、相続問題が生じ、後継者から後継者以外へ財産を渡すことによるコストと相続税等の事業承継コストとを比較して判断することとなる。

【株式譲渡による承継を選択した場合】

(単位:千円)

譲渡者	譲受者	1株単価 ① 法人税時価	譲渡株式数 ②	譲渡代金 ③ ①×②	取得費 ④ 額面と想定	譲渡税 ⑤ (③-④)× 20.315%	手取り額 ⑥ ③-⑤
A氏	新設法人	4,500円	47,000株	211,500	23,500	38,192	173,308
B氏			46,000株	207,000	23,000	37,380	169,620
合計			93,000株	418,500	46,500	75,572	342,928

　遺留分等の金額は、実際に訴えられて請求額が確定しない限り分からないことであるため、事前に把握できるものでなく、想定される遺留分相当額をシミュレーションして検討せざるを得ないが、自社株贈与財産も含めた想定される相続財産をまず試算し、現状及び将来のある時点における遺留分相当額がいくらであり、財産のうちに遺留分として請求される金額を試算し、当該請求額について現預金で清算可能であるかどうかを計算する。その上で現状及び将来においても現預金で遺留分相当額の清算が可能であれば、当初想定どおりの生前贈与を選択することでも問題ないが、全体資産に占める自社株の割合が高く、遺留分相当額が自社株の評価額まで及ぶ可能性があるのであれば、事業承継スキームとして生前贈与（相続時精算課税制度だけでなく、暦年贈与も含め）を選択せず、自社株譲渡により、財産内容を自社株から売却後の現預金に変えることで、結果、遺留分の請求額を現預金で清算することが可能となる。自社株の資産価値が将来にわたって上昇していくような右肩上がりの会社であれば、なお株価上昇が遺留分リスクにも繋がるため、自社株を早期に現金化し、自社株そのものを相続対象から除外することを優先すべきであると考える。

　相続税試算等においては、自社株の評価をいわゆる税務上の評価である、相続税評価額ベースで試算することが多いが、遺留分対策も考慮するのであれば、自社株評価は相続税評価額よりも高い純資産価額等の評価額相当を見込んで遺留分のシミュレーションをしておかなければならないため、自社株評価時点で様々な評価方法による評価額算定をしておく必要がある。自社株譲渡に資金が必要になる点から、会社の財務状況をひっ迫する可能性があるため、本スキー

ムの場合には、退職金を支給するか否かについて、検討が必要である。自社株譲渡と退職金支払いにより、株価相当と退職金相当の現預金が将来の代表者の相続税の対象となるだけでなく、相続財産が増えることで遺留分対象財産も増加するからである。したがって、代表者の考えにもよるものの、遺留分を考慮すれば退職金を支給しないという選択肢も考慮すべきであるし、代表者を辞任しても取締役として残り、ある種生涯現役で会社関係者（経営の中心は後継者にゆだねる前提）として関わる選択肢もあり得る。この生涯現役の場合には、将来万一の際は会社関係者として関わっている最中の相続であるため、死亡時の死亡退職金として支払うことも可能である。死亡退職金は生命保険金と同様に相続税において一定の金額が非課税となる（500万円×相続人の数）ため、生前に退職金を支給せず、将来の代表者の死亡時に過去の貢献に沿った適正額を退職金の支払いとする方が、代表者一家からすれば相続税負担を軽減した結果にも繋がることとなる。

　さらに、死亡退職金について支給を受ける対象者を誰にするかについても、規約や株主総会等で事前に決めておくことができるため、例えば経営者として引き継ぐC氏を受取人とするような設計も会社側の立場にすれば有効な手段であるものと思われる。死亡退職金額も生命保険金の取扱いと同様、遺留分対象財産から除外できるため、自社株譲渡後に後継者であるC氏に残す場合、死亡退職金として規約や議事録等でC氏が受け取るような規定整備をしておくことで争いなくC氏に資金を残すことも可能となる。

(2)　まとめ

　本事例では、相談を受けた証券会社が相続時精算課税贈与を提案した事例について解説を行った。相続時精算課税贈与であれば、後継者へ株式の大半に承継することができる一方で、後継者に兄弟姉妹がいる場合には、贈与者の相続時に後継者が他の兄弟姉妹から遺留分侵害額を請求される可能性が想定される。自社株の評価額が相続財産の大半を占めるような場合には、会社を引き継いだ後継者が自社株を承継することで、他の兄弟姉妹から遺留分相当を金銭で支払う必要があり、個人で負担できない場合には会社の運転資金や自己株式として

会社に売却して現金化して清算しなければならない恐れがある。したがって、遺留分を考慮した譲渡による承継もあわせて検討することが望ましいと考える。

【贈与と譲渡の比較】

	後継者へ贈与	後継者へ譲渡	後継者法人へ譲渡
オーナーの対価 （資金ニーズ）	受け取れない	受け取れる （相続税評価）	受け取れる （法人税法上時価）
後継者の資金調達 （借入等）	原則不要 （贈与税分は必要）	必要 （相続税評価）	必要 （法人税法上時価）
資金調達に対する 返済方法	役員報酬の増額 現金の贈与　等		配当金等
税金の種類	贈与税	所得税・住民税	所得税・住民税
遺留分	対象	対象外	対象外
メリット／ デメリット	○オーナーから後継者へ無償で株式を移転できるが、贈与税が課税される。 ○オーナーに資金ニーズがある場合は適さない。	○オーナーは譲渡代金を受け取ることができる。 ○一方で、後継者はそのための資金を調達する必要がある。	○オーナーは譲渡代金を受け取ることができる一方で、後継者法人へはそのための資金を調達する必要がある。 ○個人間譲渡に比べて一般的に売買金額が大きくなる。

第1章　早期の事業承継のための提案事例　　*33*

3 事業承継税制を活用した生前贈与に関する提案

　先に解説した贈与（暦年贈与・相続時精算課税贈与）に加えて、一定の要件を満たしている会社については「事業承継税制」を活用した承継を行うことも想定される。

　事業承継税制による承継であれば、承継に当たって後継者の負担となる贈与税や相続税が猶予もしくは免除されることから、後継者に承継資金がない場合には有効的な承継手法といえる。ただし、後継者へ承継後も次世代への後継者へ承継し続けていく必要があることから、事業承継税制の活用に当たっては二代目以降の承継についても検討することが求められる。

　なお、本事例では「法人版事業承継税制（特例措置）」を前提として解説を行う。

会社情報

【株式会社甲社】

業種	設備工事業
資本金等	10,000 千円
発行済株式総数	200 株
1 株当たり資本金等	50,000 円
純資産（簿価）	492,000 千円
総資産	520,000 千円
売上高（直近）	300,000 千円
従業員数	10 名

【株主構成】

株主名	続柄	役職	株数	種類	議決権割合	相続税評価額
A氏	父		200株	普通株式	100%	180,000千円
B氏	本人	代表取締役	0株	普通株式	0%	0千円
C氏	弟	監査役	0株	普通株式	0%	0千円
合計			200株		100%	180,000千円

A氏（父）

↓ 200株 100.0%

株式会社甲社
（設備工事業）
【代表取締役 B氏（本人）】
【　監査役 C氏（弟）　】

【損益推移】

(単位：千円)

	直前々期の前期	直前々期	直前期	直前期以降
売上高	185,000	215,000	300,000	増加傾向
売上原価	60,000	68,000	98,000	やや増加傾向
売上総利益	125,000	147,000	202,000	
販売費及び一般管理費	105,000	100,000	122,000	現状維持
営業利益	20,000	47,000	80,000	やや増加傾向
経常利益	21,000	38,000	81,000	
税引前当期純利益	30,000	40,000	−111,000	
当期純利益	18,900	25,200	−111,000	

【財産推移】

(単位:千円)

	直前々期の前期	直前々期	直前期
現預金	370,000	410,000	260,000
売掛金	33,000	47,000	70,000
建物	9,000	8,000	7,000
土地	110,000	110,000	110,000
その他の資産	60,000	55,000	73,000
総資産	582,000	630,000	520,000
未払金	2,200	12,000	15,000
その他負債	2,000	15,000	13,000
総負債	4,200	27,000	28,000
純資産	577,800	603,000	492,000

個人財産情報

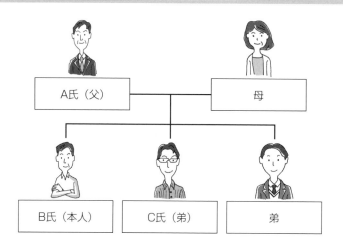

【A氏　財産一覧】	
資産	
現預金	15,000 千円
甲社株式	180,000 千円
不動産（自宅）	20,000 千円
資産　計	215,000 千円
借入金	0 千円
負債　計	0 千円
純資産	215,000 千円
相続税額	27,724 千円

（※）配偶者控除考慮なし

【B氏　財産一覧】	
資産	
現預金	15,000 千円
保険金	7,000 千円
不動産（自宅）	10,000 千円
資産　計	32,000 千円
純資産	32,000 千円

代表取締役B氏からの相談内容

① 数年前に父であるA氏から代表取締役の座を譲られたものの、会社の株式については以前より父が保有したままであるため、事業承継を進めたいと考えている。

② 直前期に父に対して退職金を支給したため、株式の集約に当たっては売買ではなく贈与で行いたい。

③ B氏には子供が2人いるがまだ若いため、今後の事業承継については考えていない。

④ B氏は、銀行から、株価が底値のため承継の良い機会と聞き、詳細説明を受けることになった。

B氏から相談を受けた銀行からの提案

甲社株式を事業承継税制によりA氏からB氏へ贈与

(1) スキーム図と内容

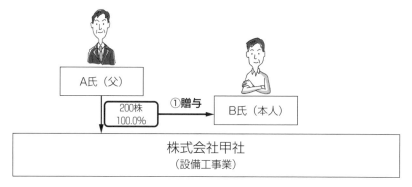

① A氏からB氏へ事業承継税制を適用の上、A氏が保有する全株を生前贈与する。
(※) 贈与に当たって相続時精算課税贈与を併用。
② 贈与日以後に都道府県へ事業承継税制適用のための認定申請を行う。特例承継計画についても同時に提出を行う。
③ 贈与税申告において、相続時精算課税贈与の選択届出とともに事業承継税制に関する申告を行う。

(2) スキームに関する解説

　事業承継税制の適用については、都道府県に事前に又は申請と同時に特例承継計画を提出し、贈与年に認定申請を行い、都道府県から認定を受けたことをもって所轄税務署へ贈与税の申告を行う。贈与税申告時においては、贈与税の猶予を受けることとなるため、自社株を担保として提供する必要がある。自社株贈与前に相続が発生してしまった場合には、相続税の申告において自社株の相続について事業承継税制を適用することができる。また、事業承継税制を適用して贈与したのちに贈与者に相続が発生した場合には、贈与税について猶予から免除になるものの、同時に、相続税の納税が発生することとなり、相続税の納税猶予に切り替えるかどうかの選択をすることとなる。切替え申請をすることで相続税の納税猶予が引続き受けられることとなる。

　事業承継税制については、贈与時（又は相続時）、その後の5年間、5年経過

後、贈与後に相続が発生した場合の切替え時と、納税猶予を継続していくために一定の要件を満たす必要がある。贈与時や相続時における要件だけでなく、会社や特に後継者個人については、中長期的（後継者に至っては自社株を保有し続ける限り）な要件充足をしていく必要がある。万一要件を満たさなくなった場合には、その時点で納税猶予されていた贈与税又は相続税について猶予が取り消され、納税しなければならない。その納税時には、本税に加え、猶予期間中に一定の計算がされた利子税の納付も必要となるため、長期にわたり納税猶予を続けてきたのちに万一納税猶予が取り消されることで追加負担が生じることはリスクとなる。

【納税猶予（相続時精算課税制度の併用）による承継を選択した場合】

（単位：千円）

贈与者	1株株価 ①	株数 ②	評価額 ③ ①×②	控除額 ④	課税標準 ⑤ ③−④	贈与税 ⑥ ⑤×20％	納税猶予額 ⑦ ⑥
A氏	900,000円	200株	180,000	26,100	153,900	30,780	30,780
合計		200株	180,000	26,100	153,900	30,780	30,780

【事業承継税制の流れ】

事業承継税制については、恒久的な制度である一般措置と10年間の期間内

のみ適用可能な特例措置とがある。特例措置は、平成30年1月1日から令和9年12月31日までの10年間において選択できる制度であるが、一般措置に比べ、要件の緩和や猶予額の拡大等がされているため、当該期間中については、ほぼ特例措置の選択を検討するケースがほとんどである。

　事業承継税制を活用して次世代に連続して承継していくことを想定した場合には、特例措置の税制改正による期限の延長がない限り、例えば、初代から二代目への承継時に特例措置による事業承継税制を適用できたとしても、二代目から三代目への承継時には令和10年以降であれば、一般措置の適用しかできないこととなる。三代目以降への事業承継も想定して実施するのであれば、一般措置についての制度理解もしておく必要がある。

【一般措置と特例措置の主な違い】

内容		一般措置	特例措置 (H30.1.1〜R9.12.31)
事前の計画策定		・不要	・特例承継計画の提出
適用期限		・なし	・あり
猶予対象株式数		・発行済議決権株式総数の最大3分の2までが対象	・後継者が取得した**株式の全て**が対象
納税猶予割合		・贈与：100％ ・相続：80％	・贈与：100％ ・**相続：100％**
承継パターン	贈与者・被相続人	・代表権を有していた者 ・代表権を有してた者以外	・同左
	後継者	・同族関係者で過半数の議決権を有する後継者1人	・**最大3人まで猶予**（総議決権数10％以上有する者のみ）
相続時精算課税制度の適用範囲		・18歳以上の推定相続人・孫	・18歳以上の**推定相続人以外の後継者**も対象

40

雇用要件	・承継後5年間、平均8割の雇用維持が必要	・承継後5年以内の**雇用が平均8割を下回った場合でも一定の手続きにより、納税猶予の継続が可能** （都道府県に雇用要件を満たせなかった理由を記載した書類の提出）
減免制度	・会社を譲渡・解散・合併等をした場合は、原則、猶予税額を全額納税	・会社を譲渡（M&A）・解散・合併等をした場合には、その時点での株式価値を**再計算して差額を減免**

　事業承継税制による贈与を適用する上では、会社、贈与者（先代経営者）、受贈者（後継者）のそれぞれにおける一定の要件を満たす必要があり、かつ、その要件の一部は長期にわたり充足が必要となるため、適用前の慎重な判断が求められる。

　それぞれの立場において、主な要件は以下のとおりである。

【会社の主な要件】

1	○　対象会社が、中小企業基本法に定める中小企業者に該当すること（株式会社だけではなく、有限会社や持分会社も対象となる） ○　中小企業者要件は、資本金基準と従業員基準のいずれか一方が、一定の基準値以下であればよい。 | 業種	資本金	従業員数
---	---	---
製造業・建設業・運輸業他	3億円以下	300人以下
卸売業	1億円以下	100人以下
小売業	5,000万円以下	50人以下
サービス業	5,000万円以下	100人以下	 （又は）
2	○　対象会社の常時使用従業員数が1人以上であること

3	○ 対象会社が以下の資産管理会社に該当しないこと ① 資産保有型会社とは、総資産に占める特定資産の合計額の割合が70％以上の会社 ② 資産運用型会社とは、総収入金額に占める特定資産の運用収入の合計額の割合が75％以上の会社 （※）特定資産とは、有価証券（子会社株式を除く）、現金預金、不動産（自社利用を除く）等のことをいう。
4	○ 対象会社が上場会社等、風俗営業会社でないこと
5	○ 直前事業年度におけるや対象会社の売上金額がゼロでないこと
6	○ 後継者以外の者が対象会社の拒否権付株式（黄金株）を保有していないこと
7	【適用を受けた認定後は…】以下の手続きを継続的に行う必要がある。 (1) 各都道府県へ：適用後最初の5年間は毎年1回年次報告書を提出すること（承継した対象株式の継続保有状況等についての報告） (2) 所轄税務署長へ：適用後最初の5年間は毎年1回、5年間経過後は3年ごとに1回、継続届出書を提出すること

【先代経営者の主な要件】

1	○ 贈与の直前（又は過去）において代表権を有していたこと
2	○ 特例制度の適用を受けた贈与をまだ行っていないこと
3	○ 先代経営者及び特別関係者（親族等）で総議決権数の過半数を保有していること （※）特別関係者には個人だけでなく法人も含まれる点に留意すること
4	○ 先代経営者の特別関係者の中で筆頭株主であること （※）贈与の直前で判定すること
5	○ 贈与の時に代表権を有していないこと （※）有給役員として残ることは可能
6	○ 平成30年1月1日〜令和9年12月31日までの間で贈与を行うこと
7	○ 議決権に制限のない株式であること （※）属人的株式（非上場会社における株主ごとに異なる取扱いを行う旨を定款で定めた株式）の取扱いに注意
8	○ 先代経営者は一定以上の株式数（議決権数）を贈与すること （※）一定以上の株式数は、後継者が1人の場合と複数の場合とで計算が異なる。

【後継者の主な要件】

1	○　贈与日まで継続して3年以上役員であること （※）ただし、先代経営者が70歳未満で死亡した場合は、後継者の事前役員就任要件は不要。
2	○　一般制度の適用を受けていないこと
3	○　特例承継計画に記載された特例後継者であること
4	○　贈与の時において、代表者であること
5	○　贈与の時（直後）において、後継者及びその特別関係者で総議決権数の過半数を保有すること
6	【後継者が1人の場合】 ○　贈与の時において、後継者の特別関係者の中で、筆頭株主であること 【後継者が複数の場合】 ○　贈与の時において、各後継者が対象会社の総議決権数の10％以上を保有していること ○　贈与の時において、後継者の特別関係者（特例制度の適用を受けていない者に限る）の議決権数を下回らないこと
7	○　贈与の日において、18歳以上であること
8	○　受贈した株式を継続保有すること

✎ 顧問税理士として判断すべきポイント

(1)　事前に確認すべき事項

①　事業承継税制の制度理解

　前述のとおり、事業承継税制については、適用できれば贈与税又は相続税の負担がなく承継することができるため、税負担の観点からは経営者側にとって最も優れた制度であると思われる。実際に自社株承継を検討する上では、一度は検討事項として挙げられることが多い。ただし、様々な要件があり、贈与又は相続時だけでなくその後も一定の要件充足が求められ、制度理解や留意点については、時間をかけて理解する必要がある。また、贈与を行う先代からすれば、自身の保有株式を承継することで完結する認識を持っている一方、会社や後継者側からすれば、承継後に長期的に要件充足や一定の手続きを実施していく必要があることから、どちらかというと会社や後継者側が制度をよく理解す

ることが重要である。

②　B氏の将来の後継者について

　事業承継税制による承継を選択した場合には、A氏からB氏への承継だけでなく、B氏から次世代への承継についても検討しておく必要がある。事業承継税制は、一世代の承継だけでなく数世代先も承継し続けていくことを前提とした制度であることから、B氏の子等への承継といったプランについても検討する必要がある。

　具体的には、事業承継税制の適用を受けた場合、一定の要件充足のもと、後継者であるB氏は承継された自社株を継続保有していくことで納税猶予を続けていくこととなるが、将来的に後継者B氏から次の後継者へ自社株を承継しようとした際、通常の暦年贈与や株式譲渡といった手法で承継してしまうと、B氏が受けてきた納税猶予が取り消されることとなる。事業承継税制の要件の1つに自社株について継続保有することが前提であるためである。その継続のためには、B氏から次の後継者について、同様に事業承継税制を活用して贈与等するか、承継せずにB氏自身の相続が発生するまで保有し続けることが必要となる。前者の場合、B氏から次の後継者への贈与時が令和10年以降であれば一般措置の適用しか受けることができない。特例措置に比べ、一般措置の制度については、猶予額に制限があるなど条件が厳しいため、次の後継者に一定の負担が生じることを考慮しなければならない。また、後者であれば、B氏が存命中は次の後継者へ自社株を承継しないこととなるため、会社経営上支障がないか等検討しておかなければならない。

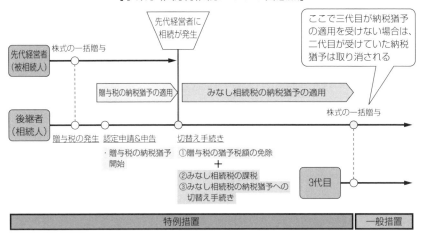

(2) 税務面の確認ポイント

① 事業承継税制における要件の充足

　事業承継税制の適用時における主な要件は前述のとおりであり、特に会社及び後継者側で長期的な要件充足をしていかなければならない。会社については、中小企業基本法に基づく中小企業者等である必要があり、贈与等した後の5年間は中小企業者等である必要があるため、増資等や従業員増加により、会社規模についてその範囲を維持できるかについて会社経営にも影響が生じる。また、5年間は上場することができないため、上場準備会社は適用が困難である。会社の要件の1つに減資（無償）ができないことも挙げられているため、今後資本金の減資を予定している場合には、事業承継税制適用前に減資手続きを実施しておかなければならない。

　また、いわゆる不動産賃貸業といった資産管理会社については、その適用がさらに厳しく、基本的に従業員が5人以上雇用し続けなければ、事業承継税制を適用することができない。適用時点においては、事業が継続することを前提としているものの、将来事業転換や、本業を廃業し不動産賃貸業へシフトし、家族のための資産管理会社化も想定している経営者も少なからずいるが、そのケースにおいて事業承継税制を適用することが将来的に難しくなるため、検討

段階で事業の方向性を長期的な視野で考えておく必要がある。

　後継者の要件については、継続保有が前提であるため、長期的に自社株を保有し続けることに注意が必要であるが、贈与の場合には、取締役として3年間従事していることが要件の1つにあり、これから後継者について選定し役員就任等を検討している場合には、早期に決定する必要がある。特に、特例措置の期間は令和9年12月31日までであるため、遅くとも期限の3年前である令和6年12月中に後継者の役員就任ができなければ、特例措置を選択することができない。なお、特例措置の役員就任要件については、特例承継計画の提出期限（令和8年3月31日）から特例措置の適用期限（令和9年12月31日）までの期間が短いことにより、特例承継計画の提出期限直前で後継者が役員に就任したとしても、特例措置の適用期限までに役員就任要件を満たせないという弊害もあることから、要件見直し（緩和）が議論されている。また、役員就任要件以外の要件についても、令和7年度税制改正において見直しが検討されていることから、事業承継税制の特例措置の適用を検討するに当たっては、今後の税制改正内容にも注視する必要がある。

② スキームにおける税負担

　事業承継税制を適用する場合には、贈与時ないし相続時において自社株にかかる贈与税ないし相続税の全額について税負担が生じないため、スキーム実行時における税負担や納税資金の手当ては不要であり、税負担という点において他のスキームに比べ最も優れた制度である。

　ただし、事業承継税制の要件を将来的に充足できなくなることで取り消された場合、本税とは別に利子税の負担が生じることとなるため、本税及び利子税の負担が発生し得る前提で、可能であれば万一の場合の納税負担ができる準備をしておくことが望ましい。事業承継税制の一番のメリットは、「税負担がなく自社株承継できる」というよりは、「少なくとも相当の期間において税負担なく自社株承継ができ、猶予期間が得られる」ことであるともいえるため、猶予期間中に将来の納税リスクに備えた一定の手当てはしておくことが望ましい。

　また、事業承継税制の適用により、少なくとも贈与時ないし相続時においては税負担が生じないため、いつの時点での株価でも問題ないと理解している経

営者も少なからずいるが、贈与した自社株は、贈与時はともかく、将来の相続時において自社株の評価額も「贈与時の株価で」相続財産に持ち戻され、他の財産も含め相続税を計算することになる。相続税は、超過累進税率により相続財産が増加すればするほど適用される税率（限界税率）も高くなるため、持ち戻される自社株にかかる相続税負担が猶予されるとしても、税率が高くなることでその他の財産にかかる相続税負担も増加することとなり、納税猶予を受ける自社株の評価についても、評価額が低い時期に贈与することが望ましい。特に会社の業績が好調であれば、できるだけ早期に対応しておく必要がある。

　なお、相続時精算課税制度を併用して事業承継税制を適用する場合には、贈与税が発生することが前提であるため、相続時精算課税贈与の特別控除及び基礎控除を超える金額である 2,610 万円（2,500 万円＋110 万円）以上の株価でなければならない。自社株の評価額が 2,610 万円以下で相続時精算課税制度を選択すると、贈与時点で贈与税が発生せず、猶予される贈与税も生じないため、贈与時点において事業承継税制を選択することができず、将来の相続時も当然受けることができない。したがって、自社株の評価額が 2,610 万円以下の場合に事業承継税制を適用したい場合は、相続時精算課税贈与でなく、暦年贈与を選択しなければならない。

（3）　経営面の確認ポイント

①　承継後の経営計画

　事業承継税制の要件充足を継続していくために、贈与後 5 年間は少なくとも、会社として事業承継税制の取消し事由に該当しないようにしなければならない。

　そのため、事業承継税制を適用する上では、少なくとも当初 5 年間の計画を立て、その中で起こり得る事象（事業転換や定年退職者等）や設備投資等の実施予定について把握しておく。特に従業者数が少ない場合には、当初 5 年間で雇用者を 8 割以上維持できるかどうか、定年退職者等の人員把握やそれに対する新卒中途採用等も意識しておく必要がある。

　会社要件の 1 つである資産管理型会社については、総資産に占める特定資産が70％以上の場合に該当することになるが、この特定資産の範囲は広く、賃貸

第 1 章　早期の事業承継のための提案事例　　*47*

不動産や遊休不動産等だけでなく、上場株等の有価証券や現預金も含まれる。会社所有の不動産や機械等の設備を保有していない会社で、かつ、これまでの剰余金を現預金や投資有価証券等としているような会社は、事業会社であったとしても、資産管理型会社に該当してしまうことがある。経営者や後継者は資産管理会社という認識はないものの、認定申請時に要件整理をしてみると資産管理型会社に該当しているケースもあるが、該当した場合に雇用している従業員が5人以上確保できていないと、申請段階で要件を満たさず、事業承継税制を適用できないこととなる。

資産管理会社とは
『資産保有型会社』 ・贈与の直前事業年度以降において、総資産に占める特定資産（帳簿価格）の合計額の割合が70％以上の会社 『資産運用型会社』 ・贈与の直前事業年度以降において、総収入金額(※)に占める特定資産の運用収入の合計額の割合が75％以上の会社 （※）総収入金額は、損益計算書の売上高、営業外収益及び特別利益の合計額

ただし、資産管理会社に該当しても、『事業実態要件』を充足することで適用除外（資産管理会社非該当）となる。

『事業実態要件』常時充足が必要
- ✓ 贈与時において、常時使用する従業員（生計一親族を除く）が5人以上いること
- ✓ 贈与時において、事務所、店舗、工場、その他の固定施設を所有又は賃借していること
- ✓ 贈与の日まで3年以上継続して事業（商品の販売・第三者への資産の貸付等）を行っていること

② 甲社の財務リスク

相続時精算課税と同様、事業承継税制を適用する場合には、会社側での税負担について考慮する必要はないが、前述した従業員の確保や資産管理型会社に該当しないよう、賃借から自社所有の本社ビルを建設（自社ビルは特定資産に該当しない）するなどといった、制度の趣旨に沿った事業展開を進めていく上では、一定の投下資金が必要になり、資金調達等も場合によって必要になる。

また、事業承継税制を適用したのち、当初5年間は毎年、都道府県に対し会社が年次報告を提出する必要がある。当該報告の提出については、自社で行うにしても、税理士等で行うにしても、一定の管理コストが発生することになる。

そのため、事業承継税制を適用する上では、認定申請におけるコストやその後に発生するコストも経済的な観点から考慮しておく必要があり、猶予される税額次第であえて事業承継税制を選択しない方がコスト負担を抑える結果に繋がるケースもある。

(4) 家族面の確認ポイント

① B氏の家族構成

事業承継税制は、次世代の後継者への承継もある意味前提とした制度であるため、B氏の後継者となる者がいるかどうか把握が必要となる。親族内での承継を前提とすれば、後継者であるB氏の子に承継していくことが自然であるため、B氏の家族構成について確認するとともに、子がいる場合に現在はともかく将来の後継者候補になり得るのか、現時点におけるB氏（及びB氏の子）の考えも把握しておくことが望ましい。

B氏の子が未成年や他で就職等しており、現時点において後継者候補といえない場合には、B氏が会社経営や自社株を保有し続ける意思があるかどうかについてB氏の方針を確認しておく必要がある。贈与後5年間は代表者である必要があるものの、5年経過後については、自社株の継続保有は要件であるものの代表者である必要はないため、最終的にオーナー株主として、代表者を会社生え抜きの従業員等に任せるということも選択肢の1つではある。

いずれにせよ、B氏の後の世代にいつどのように承継するかについて、現時点で会社、後継者、税理士の三者間での認識を共有しておくべきである。

② C氏との関係性

後継者であるB氏と後継者でない兄弟のC氏との関係性が重要なことは、相続時精算課税贈与と同様である。将来の相続問題に繋がる結果となるため、少なくとも現時点における兄弟関係は把握しておきたい。特に、C氏は後継者でないものの会社の役員であるため、将来的に争いが生じることで後継者や会社に対する一定の要求（給与増額や退職金等）を求められる可能性も残る。関係性によっては、事業承継の時期にあわせ、役員構成の見直しをすることも想定される。

第1章　早期の事業承継のための提案事例　*49*

反対に、C氏との関係性が良好であり、B氏として自身の子に継がせるつもりがなく、むしろ、兄弟であるC氏の子も含め、親族内での事業承継に積極的であれば、C氏の子を後継者候補とする可能性も考えられる。その場合にはC氏の子の確認やC氏側の考えについても把握しておく必要がある。

> 💡 **本スキームに代わる提案**
>
> B氏による持株会社設立及び株式買取り

(1) スキーム図と内容

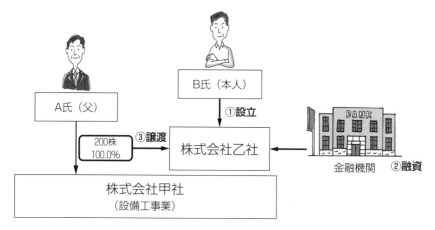

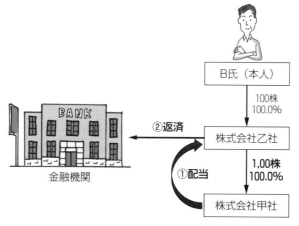

① B氏が持株会社を設立。

② 持株会社が資金調達をもとに株式買取り。

③ 持株会社への譲渡代金をもって、B氏とC氏ないしB氏とC氏の子へ生前贈与の実施。

④ 持株会社の株主は当面B氏が担うものの、将来的にB氏の子又はC氏の子へ承継する方針が決まった際に、持株会社の自社株承継を行う。

⑤ 甲社は持株会社の株主となるため、将来的に甲社の代表を生え抜き従業員に任せることも視野に入れることが可能。

(2) スキームに関する解説

　事業承継税制については、次世代の後継者候補が決まっているかがポイントであるため、B氏の次の後継者が決まっていない段階で適用することは本来望ましくない。また、事業承継税制を適用することで自社株にかかる相続税負担が軽減されるとしても、その額が納税できる範囲であり、かつ、事業承継税制の適用する上で発生する管理コスト（認定申請や年次報告、継続届出等）を考慮しても大きな差がなければ、事業承継税制を適用するメリットがないため、事業承継税制以外のスキームが本件の場合ふさわしいものと考えられる。

【株式譲渡による承継を選択した場合】

(単位：千円)

譲渡者	譲受者	1株単価 ① 法人税時価	譲渡株式数 ②	譲渡代金 ③ ①×②	取得費 ④ 額面と想定	譲渡税 ⑤ (③-④)× 20.315%	手取り額 ⑥ ③-⑤
A氏	新設法人	1,350,000円	200株	270,000	13,500	52,108	217,892
合計			200株	270,000	13,500	52,108	217,892

　事業承継における承継コストは生じたとしても、甲社の事業承継を次世代まで想定した場合、後継者候補が決定していないのであれば、B氏からB氏の子ではなく、C氏の子といった選択肢も広げた上でスキーム検討をすべきであり、その1つに持株会社による事業承継が考えられる。

　持株会社においては、当初の資金調達がA氏の相続財産の増加に繋がるもの

第1章　早期の事業承継のための提案事例　　51

の、B氏及びC氏、さらにそれぞれの子へ株式譲渡代金を早期に贈与等しておくことで、将来の相続税負担を抑えることになる。B氏やC氏、それぞれの子が贈与により取得した現金については、将来の納税資金の手当てにもなり、かつ、甲社側で何らか資金需要が必要になった際、一時的にでも貸付等を実施することで事業継続に資することも可能となる。

ただし、これはB氏及びC氏の関係性が良好であり、親族一丸となり甲社の経営に従事していくという前提である。なお、株式の分散は防ぎたいところであるため、持株会社の株主としては後継者であるB氏が担うべきであるが、B氏とC氏の財産形成上、種類株式を活用し、議決権株式をB氏、無議決権株式をC氏としてそれぞれ株式を保有する手法も検討の余地はある。

(3)　まとめ

本事例では、相談を受けた銀行が事業承継税制を提案した事例について解説を行った。事業承継税制は贈与税や相続税が猶予されるため、資金負担を軽減し承継することができる一方で、一代だけではなく複数の世代でも継続して適用することでその効果を発揮することから、長期にわたり事業承継税制を継続しなければならないリスクがある。基本的な考え方としては、後継者が次の後継者へ承継することが見えている場合に提案することが望ましく、二代目以降の後継者が定まっていない場合には、事業承継税制ではなく譲渡や贈与といった方法で承継していくことが望ましいと考える。

種類株式（無議決権）を活用した承継に関する提案

　会社の株式には「経営権」と「財産権」の2つの権利があり、事業承継においてはこの2つを後継者へ同時に承継することが一般的であるが、いずれかの権利を承継させる手法も考えられる。例として、後継者が既に株式を保有している場合に他の株主が保有する株式全てを「無議決権株式」とすることができれば、後継者へ経営権を集約することができる。また、先代が保有する株式を「拒否権付種類株式」とすることで他の普通株式を後継者に承継した後も経営の決定権については先代が保有するといったことも可能となるため、種類株式の活用も事業承継に当たっては念頭に置いておくことが重要である。

会社情報

【株式会社甲社】

業種	保険業
資本金等	100,000 千円
発行済株式総数	5,000 株
1株当たり資本金等	20,000 円
純資産（簿価）	318,500 千円
総資産	320,000 千円
売上高（直近）	5,000 千円
従業員数	4 名

【株主構成】

株主名	続柄	役職	株数	種類	議決権割合	相続税評価額
A氏	父	代表取締役	3,000株	普通株式	60％	1,200,000千円
B氏	母		1,200株	普通株式	24％	480,000千円
C氏	本人	取締役	300株	普通株式	6％	120,000千円
D氏	第三者		250株	普通株式	5％	100,000千円
E氏	第三者		250株	普通株式	5％	100,000千円
合計			5,000株		100％	2,000,000千円

【損益推移】

(単位：千円)

	直前々期の前期	直前々期	直前期	直前期以降
売上高	4,500	3,000	5,000	増加傾向
売上原価	0	0	0	やや増加傾向
売上総利益	4,500	3,000	5,000	
販売費及び一般管理費	3,500	4,000	6,000	現状維持
営業利益	1,000	−1,000	−1,000	現状維持
経常利益	59,000	58,000	59,000	現状維持
税引前当期純利益	59,000	58,000	59,000	
当期純利益	58,950	57,950	58,750	現状維持

【財産推移】

(単位：千円)

	直前々期の前期	直前々期	直前期
現預金	86,000	140,000	200,000
乙社株式	100,000	100,000	100,000
その他の資産	17,000	21,100	20,000
総資産	203,000	261,100	320,000
未払金	1,000	1,150	1,300
その他負債	200	200	200
総負債	1,200	1,350	1,500
純資産	201,800	259,750	318,500

乙社情報は省略。

個人財産情報

【A氏　財産一覧】

資産	
現預金	22,000 千円
甲社株式	1,200,000 千円
不動産（自宅）	12,000 千円
資産　計	1,234,000 千円
借入金	0 千円
負債　計	0 千円
純資産	1,234,000 千円
相続税額	512,000 千円

（※）配偶者控除考慮なし

【C氏　財産一覧】

資産	
現預金	10,000 千円
保険金	6,000 千円
不動産（自宅）	3,000 千円
資産　計	19,000 千円
純資産	19,000 千円

代表者A氏からの相談内容

① 自身の退任を検討しており、子であるC氏に甲社株式を承継したいと考えているが、会社の株価が高く後継者への承継負担を主に懸念している。
② 甲社はいわゆる持株会社であるが、その傘下である子会社の乙社は小売業として事業活動をしており、甲社の支配を通じてC氏に乙社の事業承継を行いたい。
③ 第三者株主であるD氏やE氏は創業時からの友人であり、A氏としては株の整理についてはまだ行わなくても大丈夫であると考えている。

④ コンサル会社から、承継負担がかからない承継方法があると聞き、説明を受けることとなった。

> **A 氏から相談を受けたコンサル会社からの提案**
> 無議決権株式の導入による後継者への経営権の集約

(1) スキーム図と内容

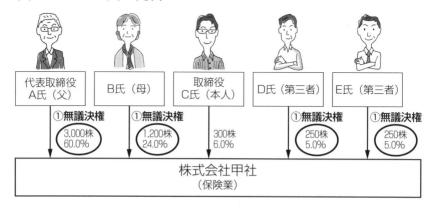

① 株主総会で定款変更し、議決権株式と無議決権株式とに区分。
② 種類株式への転換に当たっての株主からの同意を得る。
③ 議決権株式については後継者に承継できるよう遺言の作成。

(2) スキームに関する解説

　普通株式を種類株式へ転換する場合には、贈与や譲渡といった具体的な承継は行わず主に登記手続きで完結することから税負担等について考慮する必要がない。種類株式の内容については、会社法上様々な内容を付すことができるため、会社に合った設計をすべきであるが、議決権株式と無議決権株式とで議決権割合を調整したい場合には、議決権株式を普通株式（従前のまま）とし、無議決権株式について新たに発行し、議決権の項目以外にも優先配当や取得条項の内容を組み合わせる設計も考えられる。

【株主構成（種類株式導入後）】

株主名	続柄	役職	株数	種類	議決権割合	相続税評価額
A氏	父	代表取締役	3,000 株	種類株式	0 %	1,200,000 千円
B氏	母		1,200 株	種類株式	0 %	480,000 千円
C氏	本人	取締役	300 株	普通株式	100 %	120,000 千円
D氏	第三者		250 株	種類株式	0 %	100,000 千円
E氏	第三者		250 株	種類株式	0 %	100,000 千円
合計			5,000 株		100 %	2,000,000 千円

　なお、種類株式の導入に当たっては、定款を変更する必要があるため株主総会での「特別決議」を行い、その後、株主全員からの同意を経て種類株式への変更等が完了する。

【種類株式の種類】

株式の種類	内容	活用事例
剰余金配当の優先（劣後）	剰余金の配当について優先か劣後かを定めた株式	・権利の劣後する株式については、それを保有させる為のインセンティブを与えるので、議決権制限株式と併用することで後継者に経営権を集中させることができる。 ・議決権制限株式を種類株として発行するときは、発行済み株式の2分の1を超えても発行できる。
残余財産分配請求の優先（劣後）	残余財産の分配について優先か劣後かを定めた株式	
議決権制限株式	株主総会で議決権を行使できる事項について異なる定めを設けた株式	
譲渡制限株式	譲渡による当該種類株式の所得について会社の承認を要することの定めを設けた株式	・株式の分散を防ぐ。
取得請求権付株式	当該種類株式について、株主が会社に対してその取得を請求することができることの定めを設けた株式	・会社法制定前の転換予約権付株式及び償還株式に代わるもので、金銭以外での対価支払が認められた。
取得条項付株式	当該種類株式について、会社が一定の事由が生じたことを条件としてこれを取得することができることの定めを設けた株式	・相続によって株式が分散した場合でも、会社が相続人から強制的に買い取ることができる。
全部取得条項付株式	当該種類の株式について、株式会社が株主総会の決議によってその全部を取得することの定めを設けた株式	・本来は債務超過の会社において100 %減資のために導入されたが、現在では少数株主排除のために用いられることも多い。

拒否権付株式 （黄金株）	株主総会・取締役会等における一定の決議事項について、当該決議のほか、当該種類株式の種類株主総会の決議も必要とすることを定めた株式	・後継者が行う意思決定に対して、前経営が拒否権を行使することで独断を牽制することができる。
取締役・監査役の選任に関する株式	当該種類株主総会で、取締役又は監査役を選任することを定めた株式（非公開会社限定）	・株主間契約より強制力をもって、取締役・監査役の選・解任権を確保することができる。

　議決権については、特に中小企業の場合、株主と代表者が同一であることが望ましく、代表者に議決権が集約されていることが理想であるが、できれば3分の2を確保し、単独で特別決議できるようにし、その確保が難しい場合でも最低限2分の1超を保有しておくことが必要である。

【株主の権利（会社法上）】

発行済株式総数に対する割合	内容
10分の9以上	特別支配株主の売渡請求
3分の2以上 （特別決議）	定款変更
	資本金の減少
	合併、会社分割、株式交換、株式移転
	事業譲渡・事業譲受
	第三者に対する新株の有利発行
	累積投票により選任された取締役及び監査役の解任
	会社解散
	特定の者からの自己株式の取得
2分の1超 （普通決議）	取締役及び監査役の選任及び取締役の解任
	取締役及び監査役の報酬額（退職慰労金を含む）の決定
	計算書類の承認
	自己株式の取得
	その他、総会での普通決議（会計監査人の選任等）
3分の1超 （経営権に関与）	特別決議に対して拒否権を持つことになり、経営権に影響を及ぼし得る。

10％以上	会社解散請求権
3％以上	総会招集請求権・同招集権
	取締役及び監査役の解任請求権
	帳簿及び書類の閲覧権
	業務財産調査のための検査役選任請求権
1％以上	総会検査役選任請求権
1％以上又は 300株以上	総会の議題・議案提出権
単元未満株式 自己株式 相互保有株式	総会での議決権を有しない。

🖊 顧問税理士として判断すべきポイント

(1) 事前に確認すべき事項

① Ｄ氏及びＥ氏が甲社株式を取得した経緯

　株主名簿に記載されている株主はあくまで真の所有者でなく、設立出資時や増資時等に出資額を実質負担した者が真の所有者として、「名義株」の議論が生じるケースがある。創業時からの第三者株主がいる場合には、「名義株」であるケースも想定しておくべきである。株式の出資経緯等についてヒアリングや株主名簿等を確認しておくことが重要である。

　具体的には、設立から現在までの株主名簿をもとに株式移動表を作成し、誰がいつどのように承継したかを当時の証憑（申告書や贈与・譲渡契約書、各種議事録、通帳、配当実績等）をもとに整理していく。老舗企業は、証憑が紛失等して残っていないケースもあり、名義株かどうかの判断が難しいことも多いが、少なくとも株主間において、特に名義株主が株主としての地位を認識しているか、株主総会の開催や配当実績についての整理はしておく必要がある。

② 全株主の同意を取得することが可能かどうか

　種類株式の導入に当たっては株主の特別決議を行う必要があるほか、株主全員の同意も必要となる。今回の場合には第三者株主がおり、保有している株式

第1章　早期の事業承継のための提案事例　59

が名義株でない場合には、第三者株主の同意を得ることができるかどうか、同意を得ることが難しい場合には株式の買取り等を行っておく必要もあると考えられる。

ただし、代表者であるA氏は株の整理はまだ必要でないと考えていることから、株式が分散していることのリスクを説明する等の対応も合わせて必要となる。

【少数株主の整理】

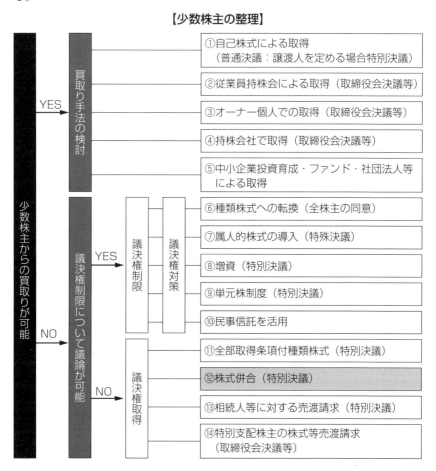

③ C氏の家族構成

C氏に全ての議決権を集約するとした場合、C氏の家族構成を把握しておく

必要がある。配偶者のほか子がいるのか、また、いる場合に何人いるのか、Ｃ氏へ株式が承継された後にどのような可能性があるかについて、Ｃ氏へ承継される前に検討する必要がある。

(2)　税務面の確認ポイント

①　種類株式の評価方法について

　無議決権株式や配当優先（劣後）株式については、普通株式と比べ、株価評価上、多少増減するものの、大きな違いがない。そのため、無議決権株式を保有している同族株主の株主は、会社経営に関与できない実質的にほとんどの権限がないにもかかわらず、原則評価と同等の評価をすることとなり、自社株の承継については、今後どのように承継していくかを検討する必要があり、本スキームはあくまで経営権を後継者へ移譲するための措置に過ぎない。

②　少数株主が名義株主である場合

　真の所有者が誰であるかを把握する必要がある。その所有者が存命の株主であれば、当該株主の財産とすべきであり、すでに亡くなっている株主である場合には過去の相続を遡って当時の真の所有者の相続人に対し承継されるはずであるため、過去相続情報も把握しておく必要がある。直系の創業一族であれば、自身又は自身の親の相続の過去をたどることで把握できるが、遠い親族等である場合は相続人の把握からまず始めることとなり、場合によって所在不明株主として整理する必要が生じる。

　なお、真の所有者の相続が近年発生した場合にはその相続にかかる相続税の修正申告が必要になるケースがあり、また、存命の場合でも現状想定している相続財産に加味した上で相続税シミュレーションを行う必要がある。

③　Ｃ氏へ承継した議決権株式のその後について

　Ｃ氏以外の株式について無議決権化することで、後継者であるＣ氏に議決権が集約され、経営権の確保については問題なく承継することができるものの、その後にＣ氏が離婚又は万が一相続が発生してしまう場合、Ｃ氏の配偶者へ議決権株式が移転してしまう可能性が高い。Ａ氏から続く血族での承継を期待している場合、Ｃ氏の相続等により、その目的が達成できなくなり、また、場合

によって、C氏の相続等により、会社経営に関与しない者に唯一の議決権株式が渡ってしまうと、M&A等により第三者へ譲渡されてしまう可能性もある。

💡 本スキームに代わる提案　その①
第三者株式の買取り

　本スキームを検討する上では、まず、D氏及びE氏の株式について、早期に買取り交渉を実施すべきである。幸い株式数が少数ということもあり、買取金額は交渉次第であるものの、株式全体からすれば少額であるため、買取り資金の確保も容易であることから、甲社での買取りを前提に第三者株式について整理し、その後に議決権株式を後継者へ集約する手段を検討するべきである。第三者が保有する株式については、現状においてももちろんであるが、将来的に会社の資産価値が上昇していく上で、買取り金額の上昇や株主間の関係性も希薄化してく可能性がある。特に、第三者に相続等が発生してしまうと、何ら関わりのない者とが株主となるため、株主権を通じて経営を阻害されるリスクも残るため、資金流出は覚悟の上で、まずは第三者が保有する株式を整理しておく必要がある。

　第三者の株主との交渉については、A氏がこれまでの関係性から良好な形で交渉できるものと思われ、A氏が交渉窓口としては最適である。A氏から交渉するとしても、第三者に不利になる種類株式等により議決権を制限するような交渉をすることで関係性が悪化し買取金額を吊り上げられる可能性もあるため、第三者株主がいる上では種類株式の導入検討はせず、あくまで、株式の買取りについての相談に臨むことで良好な関係性を保ちながら、譲渡の意向が株主側にあるかを探ることが望ましい。特に後継者への事業承継というタイミングが株主へ相談するタイミングに適しているものといえるため、事業承継の趣旨に基づき、買取りを希望している旨打診を始めるのが望ましいと考える。

> **本スキームに代わる提案　その②**
> 後継者へ属人的株式の発行

種類株式と同様の効果で異なる手法として、属人的株式の発行がある。

(1) スキーム図と内容

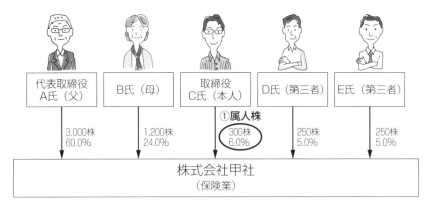

① 定款変更により、C氏の議決権について一定数（例えば普通株に比して100倍の議決権）増加させることで議決権を集約。
② C氏が単独で経営権を確保できる。

(2) スキームに関する解説

自社株の評価が高く、すぐに贈与や譲渡等をして財産権を承継することが困難であることから種類株式の発行を検討しているが、他の株主も含め同意が必要となるため、同意に応じてもらえない可能性がある。また、交渉の過程で株式買取りの打診を受けるリスクもあるため、話し合いに応じてもらえるかどうか不明な中で安易に手続きをすることは望ましくない。

【株主構成（属人的株式導入後）】

株主名	続柄	役職	株数	議決権数	種類	議決権割合	相続税評価額
A氏	父	代表取締役	3,000 株	3,000 個	普通株式	9 %	1,200,000 千円
B氏	母		1,200 株	1,200 個	普通株式	3 %	480,000 千円
C氏	本人	取締役	300 株	30,000 個	属人的株式	86 %	120,000 千円
D氏	第三者		250 株	250 個	普通株式	1 %	100,000 千円
E氏	第三者		250 株	250 個	普通株式	1 %	100,000 千円
合計			5,000 株	34,700 個		100 %	2,000,000 千円

　種類株式の発行は、株主の整理や株主との関係性が良好であることを前提として実施すべきである。まずはC氏の経営権として議決権をC氏に集中させるため、属人的株式の発行により、C氏の保有株式で議決権を集約することが可能となる。属人的株式については、株主総会において特殊決議が必要となるため、株主の理解をある程度得ておく必要があるものの、他の株主の議決権をゼロとする無議決権株式とするか、ある株主の議決権を増やす属人的株式とするか、いずれかを検討した場合は、後者の方が株主の理解を得られる可能性はあるものと思われる。

(3)　まとめ

　本事例では、相談を受けたコンサル会社が種類株式の導入を提案した事例について解説を行った。種類株式を導入することができれば、後継者へ経営権を財産権に先んじて承継することができる一方で、当該会社に第三者株主がいる場合にはその承認を得ることができない可能性がある。また、種類株式の導入によってかえって後継者の負担が増加するリスクもあることを念頭に置き、複数の資本政策案を組み合わせて行うことが望ましいと考える。

5 属人的株式を活用した承継に関する提案

　種類株式とは別に「属人的株式」の導入による経営権の承継についても、事業承継の手法として考えられる。「属人的株式」とはその名のとおり、ある特定の株主が保有する株式について影響を及ぼす株式である。特定の株主の議決権を 100 倍とすることや、逆に 2 分の 1 にすることも可能であるため、後継者が保有する株式が少数であったとしても、その議決権割合を属人的株式によって集約することが可能となる。

会社情報

【株式会社甲社】

業種	電子製品製造業
資本金等	3,000 千円
発行済株式総数	300 株
1 株当たり資本金等	10,000 円
純資産（簿価）	150,000 千円
総資産	180,000 千円
売上高（直近）	320,000 千円
従業員数	24 名

【株主構成】

株主名	続柄	役職	株数	種類	議決権割合	相続税評価額
A 氏	父	代表取締役	300 株	普通株式	100 %	450,000 千円
合計			300 株		100 %	450,000 千円

第 1 章　早期の事業承継のための提案事例　　65

【損益推移】

(単位:千円)

	直前々期の前期	直前々期	直前期	直前期以降
売上高	160,000	250,000	320,000	増加傾向
売上原価	85,000	170,000	220,000	やや増加傾向
売上総利益	75,000	80,000	100,000	
販売費及び一般管理費	5,000	8,000	10,000	現状維持
営業利益	70,000	72,000	90,000	現状維持
経常利益	70,000	72,000	90,000	現状維持
税引前当期純利益	70,000	72,000	90,000	
当期純利益	46,200	47,520	59,400	現状維持

【財産推移】

(単位:千円)

	直前々期の前期	直前々期	直前期
現預金	25,000	50,000	80,000
建物	25,000	22,000	20,000
土地	10,000	10,000	10,000
その他の資産	20,000	38,000	70,000
総資産	80,000	120,000	180,000
仕入債務	15,420	10,900	12,000
借入金	18,000	16,500	15,000
その他の負債	3,500	2,000	3,000
総負債	36,920	29,400	30,000
純資産	43,080	90,600	150,000

個人財産情報

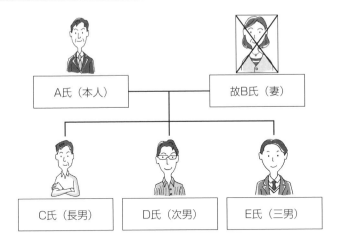

【A氏　財産一覧】

資産	
現預金	10,000 千円
甲社株式	450,000 千円
上場株式	6,000 千円
不動産（自宅）	5,000 千円
資産　計	471,000 千円
借入金	0 千円
負債　計	0 千円
純資産	471,000 千円
相続税額	118,200 千円

代表者A氏からの相談内容

① 自身も高齢になり相続を考えたときに、妻には先立たれ子は3人いることから、揉めないように財産は3人で均等に渡したいと考えている。

② 甲社については長男であるC氏が取締役として経営に携わっているため、甲社の代表権はC氏に渡したいと考えており、D氏やE氏についてもその点については同意している。

③ 将来の相続税負担は自社株に価値がある以上仕方がないものと考えており、当該負担も均等に負担することを求めている。
④ 保険会社のコンサルタントから、面白い提案があると言われたので、話を聞いてみることにした。

A氏から相談を受けた保険会社からの提案

属人的株式の導入

(1) スキーム図と内容

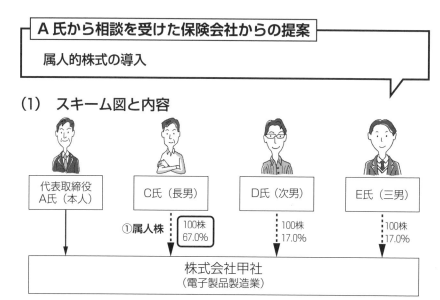

① 株式については3人の子供にそれぞれ100株ずつ相続時精算課税贈与により承継。
② 長男であるC氏に対して渡す100株について属人的株式を設定する。
③ 承継後は長男が議決権の3分の2を保有する資本構成となる。

(2) スキームに関する解説

【精算課税制度による承継を選択した場合】

(単位:千円)

贈与者	1株株価 ①	株数 ②	評価額 ③ ①×②	控除額 ④	課税標準 ⑤ ③-④	贈与税 ⑥ ⑤×20%
A氏	1,500,000円	100株	150,000	26,100	123,900	24,780
合計		100株	150,000	26,100	123,900	24,780

(※)D氏及びE氏において贈与される株式各100株についても上記同様、贈与税負担が想定される。

【株主構成（承継・属人的株式導入後】

株主名	続柄	役職	株数	議決権数	種類	議決権割合	相続税評価額
C 氏	長男		100 株	400 個	普通株式	67 %	150,000 千円
D 氏	次男		100 株	100 個	普通株式	17 %	150,000 千円
E 氏	三男		100 株	100 個	普通株式	17 %	150,000 千円
合計			300 株	600 個		100 %	450,000 千円

📝 顧問税理士として判断すべきポイント

(1) 事前に確認すべき事項

① 後継者の確定

　後継者がC氏であるとして、その他の兄弟へは会社経営を任せず、C氏に万一の場合にその後の後継者はC氏の家族へ承継することにするのか、それとも、兄弟へ承継することも想定するのかをまずは確認するべきである。C氏に議決権の大半を集約させてしまえば、C氏においては経営を安定的にできるが、C氏に万一相続が発生してしまうと、C氏の相続人に自社株が承継されることとなる。属人的株式は、C氏が保有している場合に限り、議決権が増加する設計であるため、C氏の手から離れた時点で、1株1議決権に戻ることとなる。C氏の相続人への承継において、1議決権に戻るため、C氏の相続人とD氏及びE氏との割合が均一となり、兄弟（遺族含め）間での経営権分散に繋がる可能性がある。D氏及びE氏については経営に関与させないとするのか、ある程度関与させるのかをまずは確認しておく必要がある。

② 定款における売渡請求の規定

　株主に相続が発生する場合、通常であれば、その株式は相続人に相続される。そのため、会社に一切関係のない株主の遺族に自社株が承継されるリスクがある。当該リスクを考慮し、定款において売渡請求の規定をすることで、株主に相続が発生した場合には、相続人に相続された株式を会社が強制的に買取りをすることができるようになる。C氏に相続が発生した場合、当該規定があるかどうかによって議決権株式の行方が変わることとなるため、売渡請求の規定が

定款に定められているかどうか確認が必要となる。

(2) 税務面の確認ポイント

① 次世代への承継

　C氏、D氏、E氏とも、株式の保有割合が均等であり、それぞれ3分の1ずつの財産権を保有しているため、いずれも配偶者や子へ相続又は贈与する上では相続税及び贈与税負担が相応に発生することを想定しておく必要がある。

　議決権割合によっては、同族株主であっても、いわゆる原則的評価でなく、配当還元価額（特例的評価）が適用されるケースもある。例えば、A氏から子3人が贈与を受け、かつ、C氏が属人的株式発行により3分の2の権利を得たのちに、兄弟であるD氏がD氏の子へ議決権株式5％未満を贈与する場合には、当該贈与における自社株は配当還元価額で評価することが可能となる。C氏の直系尊属卑属、兄弟等までの範囲は中心的同族株主となるものの、D氏やE氏の子がその範囲から外れることになるため、承継される株価については、特例的評価が適用できることとなる。

　C氏の子への承継においては、C氏にかかる属人的株式であるため、子へ承継される都度、全体の議決権数が変動することになる。C氏が保有する限りにおいて議決権が4倍になる設計であるため、C氏が子へ例えば10株承継するとなれば、C氏が保有する90株については4倍であるものの、子が承継した10株は1倍に戻ってしまうこととなる。C氏とすれば、自身が議決権を3分の2確保していることで会社経営が安定化するため、属人的株式の発行について応じたものの、自身の手を離れることでその割合が変動してしまうこととなれば、安易にC氏の子へ承継することができなくなる。

② 承継による税負担

　相続時精算課税贈与により、3人に承継することとなるため、贈与時に贈与税が課され、将来的にA氏の相続時に相続財産に持ち戻されることとなる。そのため、贈与時における贈与税負担と将来の相続税負担それぞれの税負担に対する手当てができているかについて確認しておく必要がある。特に、D氏及びE氏においては、会社経営に関わりがない株式を保有するにもかかわらず、C

氏と同様の税負担を強いられることになる。C氏については会社経営を確保している以上、万一税負担について自身の財源から確保できなくても、甲社からの役員報酬や自己株式として譲渡する等で確保が可能となるが、D氏及びE氏においては、C氏が承諾しない限り同様の確保が難しいこととなる。そのため、少なくともD氏及びE氏においては、A氏の財産をC氏に優先して確保（生前贈与ないし遺言）しておくことが望ましい。

(3) 経営面の確認ポイント

① 承継後の経営方針

C氏に3分の2の議決権が集約されることになり、特別決議までの権限はC氏単独で実行可能となる。兄弟であるD氏及びE氏は、経営に実質的に関与することができなくなることから、C氏の経営方針が会社経営に最も影響を与えることとなる。C氏単独による事業譲渡や定款変更等、株主として会社の重要事項を決定する権限が付与されることから、C氏が将来どのような経営をしていくのかが会社の未来やD氏及びE氏においても重要となる。

(4) 家族面の確認ポイント

① D氏及びE氏との関係性

D氏及びE氏は、属人的株式の発行により、C氏が株式を保有し続ける以上、会社経営に関しほとんど影響力がないこととなる。また、株式の財産権は3人とも同数であるから一見すると均等であるようにも思えるが、C氏が経営権を確保している一方、D氏及びE氏は単独で会社経営に関しほぼ決定できる権利がないため、実質的に同一の財産価値を得ているとはいえず、役員報酬や配当金の確保、将来的に会社に自己株式として買い取ってもらうことで現金化するといったいずれも、C氏の承諾のもとで実行することとなる。そのため、D氏及びE氏においては、ほぼメリットがないこのスキームについて、C氏に相当の信頼や譲歩があることが前提となる。現在の関係性が良くても将来を保証するものではないため、A氏からの承継後に兄弟間の関係性が悪化する可能性もあり、A氏にとっては兄弟仲良く分けたいという意向からは離れていく可能性

第1章　早期の事業承継のための提案事例　　71

がある。

② C氏の家族構成

　後継者のC氏へ承継された株式はC氏の相続等によりその家族へ承継されることとなるため、C氏の後事業を子へ承継していくのか、子が複数いる場合に誰に承継していくかについて検討するためにも、家族構成を確認しておく必要がある。

💡 本スキームを補足する提案　その①

遺言の作成による手当て

　まずは、C氏に議決権が集約されることとなるため、C氏の後に誰に株式が承継するかについてC氏の生前のうちに決定しておくことが望ましい。そのためには、C氏による遺言作成が必要である。通常の考え方によれば、C氏の次はC氏の子になるものと思われるが、年齢や子との関係性、子が現実的に経営を承継できるか（海外居住等）次第によっては、C氏の兄弟やその子への承継という選択肢もあり得る。いずれにせよ、C氏による経営承継の後についても現状決定していることがあれば、その内容に基づき、遺言書の作成が望ましい。

💡 本スキームを補足する提案　その②

属人的株式の設計検討

　C氏に相続が生した場合、C氏の配偶者や子に財産が相続されることが想定される。属人的株式は、あくまで設定した者に属して議決権数が増加（減少）するため、C氏が保有しない限りは1株1議決権の株式に戻ることとなる。C氏の遺族が相続した場合には、他の兄弟2人との間でそれぞれ3分の1ずつの保有割合と同様の議決権割合になってしまうため、C氏側の遺族として議決権を確保することができなくなる。そのため、C氏に万一相続が発生した場合、C氏の子が次世代の後継者と決まっているのであれば、C氏に属人的株式を設定するとともに、C氏が亡くなった際にC氏の子供の株の議決権が経営権を確

保する割合まで増加するような設定もあらかじめしておくことで、将来C氏の相続においてもC氏の遺族側で経営権確保ができることとなる。なお、相続した株式については、定款上売渡請求の規定がある場合、会社に強制的に譲渡しなければならない（他の兄弟が相続人が保有することに反対する場合）可能性があることを考慮し、C氏からC氏の子（次世代後継者）へあらかじめ一定数の株式を贈与等で承継させておき、当該1株についての権利が将来C氏の相続において経営権を確保するだけの議決権数に増加するような設定をしておくことでC氏の子が経営権を確保することも可能となる。

　一方、現経営者や後継者であるC氏において、C氏の子等に承継させる前提ではない場合には、D氏及びE氏もしくは、D氏及びE氏等へ株式が渡るようにあらかじめ属人的株式を設定しておくことで、経営権の確保を特定の後継者へ承継することも可能である。

　種類株式と異なり、登記手続きが不要となるため、外部からはどのような株主の権利になっているか見えにくい一方、定款変更について登記されないことで、自社の株主名簿や議事録等の管理や最新定款の保管等を適切に管理しておく必要がある。実務上、定款は何らかの変更手続き以外で見ることがあまりないものであるため、登記手続き以外の変更点については、社内管理を徹底し、変更履歴等も管理しておくことが望ましい。

まとめ

　本事例では、相談を受けた保険会社のコンサルタントが属人的株式の導入を提案した事例について解説を行った。属人的株式を導入することで、一時的に後継者に経営権を集約することができる。しかし、属人的株式を保有する者に万一相続が発生した場合、再度事業承継の課題が生じることから、遺言や、属人的株式の設計をより慎重に検討することが望ましいと考える。

第 **2** 章

すぐには事業承継を伴わない
組織再編の提案事例

1 株式移転・株式交換に関する提案

　前章では主に早期の事業承継を伴う提案事例について解説を行ったが、本章では早期の事業承継を伴わない組織再編に関する提案事例を取り扱う。まず初めに、株式移転や株式交換といった手法による組織再編事例を紹介する。株式移転とは、現株主が保有する株式をもとに新会社を設立し、ホールディングス体制を構築する手法である。株式交換とは、2社の株式を保有している株主が株式交換によって1社だけの株式を保有する構成とし、交換親法人と交換子法人についてはホールディングス体制が構築される手法である。

　本ケースでは、株式交換によるホールディングス体制を構築した事例について解説を行う。

甲社情報

【株式会社甲社】

業種	介護業
資本金等	60,000 千円
発行済株式総数	60,000 株
1株当たり資本金等	1,000 円
純資産（簿価）	13,000,000 千円
総資産	19,000,000 千円
売上高（直近）	23,000,000 千円
従業員数	2,000 名

【甲社　株主構成】

株主名	続柄	役職	株数	種類	議決権割合	相続税評価額
A氏	本人	代表取締役	26,000株	普通株式	43%	5,200,000千円
乙社			20,000株	普通株式	33%	4,000,000千円
B氏	子		11,000株	普通株式	18%	2,200,000千円
持株会	第三者		3,000株	普通株式	5%	600,000千円
合計			60,000株		100%	12,000,000千円

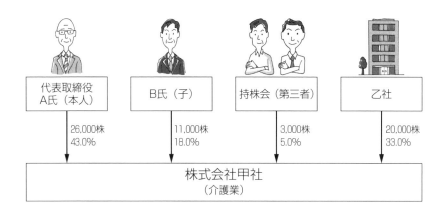

【損益推移】

(単位：千円)

	直前々期の前期	直前々期	直前期	直前期以降
売上高	20,000,000	20,000,000	23,000,000	増加傾向
売上原価	16,000,000	18,000,000	20,000,000	やや増加傾向
売上総利益	4,000,000	2,000,000	3,000,000	
販売費及び一般管理費	1,700,000	1,000,000	2,000,000	現状維持
営業利益	2,300,000	1,000,000	1,000,000	現状維持
経常利益	1,600,000	1,100,000	1,400,000	現状維持
税引前当期純利益	1,400,000	−300,000	1,300,000	
当期純利益	1,000,000	−300,000	1,100,000	

【財産推移】

(単位：千円)

	直前々期の前期	直前々期	直前期
現預金	3,230,000	4,000,000	4,800,000
売上債権	70,000	50,000	50,000
建物	800,000	490,000	480,000
土地	1,500,000	95,000	90,000
その他資産	11,000,000	12,565,000	13,580,000
総資産	16,600,000	17,200,000	19,000,000
仕入債務	1,400,000	1,700,000	1,700,000
その他負債	3,000,000	3,600,000	4,300,000
総負債	4,400,000	5,300,000	6,000,000
純資産	12,200,000	11,900,000	13,000,000

乙社情報

【株式会社乙社】

業種	その他の産業
資本金等	1,000 千円
発行済株式総数	1,000 株
1株当たり資本金等	1,000 円
純資産（簿価）	900,000 千円
総資産	1,000,000 千円
売上高（直近）	18,000 千円
従業員数	0 名

【乙社　株主構成】

株主名	続柄	役職	株数	種類	議決権割合	相続税評価額（千円）
A氏	本人	代表取締役	1,000 株	普通株式	100 %	4,000,000 千円
合計			1,000 株		100 %	4,000,000 千円

【損益推移】

(単位:千円)

	直前々期の前期	直前々期	直前期	直前期以降
売上高	20,000	20,000	18,000	増加傾向
売上原価	0	0	0	やや増加傾向
売上総利益	20,000	20,000	18,000	
販売費及び一般管理費	25,000	25,000	24,000	現状維持
営業利益	−5,000	−5,000	−6,000	現状維持
配当金	120,000	120,000	120,000	
経常利益	115,000	115,000	114,000	現状維持
税引前当期純利益	115,000	115,000	103,000	
当期純利益	115,000	115,000	103,000	現状維持

【財産推移】

(単位:千円)

	直前々期の前期	直前々期	直前期
現預金	70,000	90,000	90,000
子会社株式	900,000	900,000	900,000
その他資産	12,000	7,000	10,000
総資産	982,000	997,000	1,000,000
その他負債	300,000	200,000	100,000
総負債	300,000	200,000	100,000
純資産	682,000	797,000	900,000

個人財産情報

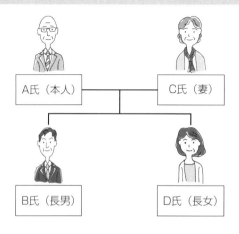

【A氏 財産一覧】

資産	
現預金	1,000,000 千円
甲社株式	5,200,000 千円
乙社株式	4,000,000 千円
不動産（自宅）	200,000 千円
資産　計	10,400,000 千円
借入金	0 千円
負債　計	0 千円
純資産	10,400,000 千円
相続税額	5,477,600 千円

（※）配偶者控除考慮なし

代表者A氏からの相談内容

① 自身の後継者については子であるB氏とするかどうかは検討中ではあるものの、将来の承継に備えて事前にできることはしておきたい。

② 乙社は自身の資産管理会社とするために最近設立したが、どのように運用したらよいか分からない。

③ 将来の相続税が高額になることは分かっているので、納税資金を確保しておきたい。

④ コンサル会社から、乙社の運用を踏まえた承継スキームがあると言われたため、話を聞くことにした。

A氏から相談を受けたコンサル会社からの提案

乙社を親会社・甲社を子会社とする株式交換

(1) スキーム図と内容

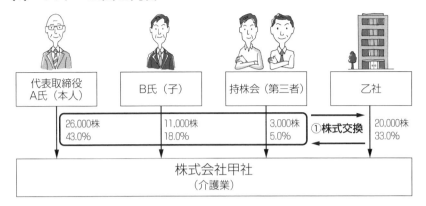

① 乙社は株式交換を行い甲社の株主から甲社株式を取得し、甲社の株主に対しては一定の割合で乙社株式を交付する。
② 甲社を完全支配子会社とする適格株式交換が完了する。
③ 適格株式交換の場合には、甲社の株主において課税関係が生じない。

(2) スキームに関する解説

　株式交換とは、交換親会社となる会社と、交換子会社となる会社がある場合に、交換子会社となる株主の株式を交換親会社に取得させることと引換えに交換親会社株式を取得するものであり、当該株式交換によりグループ会社内の法人をホールディングス化することを目的として実施されるものである。株式交換を実施することで複数ある株主についての整理が可能となり、2社以上の会社を親会社となる会社の株主がその割合で支配することができる。

　組織再編については、「適格」による再編行為又は「非適格」による再編行為の2種類があり、いずれに該当するかによって課税上大きな違いが生じる。

　本件について、甲社はA氏及びその子であるB氏による支配関係があり、乙社についてはA氏による支配関係があることから、支配関係がある法人間の株式交換に該当する。

【税制適格要件】

組織再編	要件	組織再編前の株式保有関係		
		100％ （完全支配関係）	50％超100％未満 （支配関係）	その他 （共同事業）
株式交換・移転	金銭等不交付要件	○	○	○
	完全支配関係継続要件	○	—	—
	支配関係継続要件	—	○	—
	従業者引継要件	—	○	○
	事業継続要件	—	○	○
	事業関連性要件	—	—	○
	規模要件又は経営参画要件	—	—	○
	株式継続保有要件	—	—	○
	組織再編後完全支配関係継続要件	—	—	○

　支配関係がある法人間の適格株式交換の要件としては「金銭等不交付要件」、「支配関係継続要件」、「従業者引継要件」及び「事業継続要件」の4要件がある。本スキームの実施に当たって、甲社の株主には乙社の株式のみが交付され、交換後もA氏等による支配関係が継続することが見込まれている。また、甲社の事業についても、引き続き甲社で営まれ、さらに従業者も引き続き甲社に勤務することが見込まれているため、本株式交換については適格株式交換に該当するものといえる。

　なお、本件のように甲社の株主の保有割合と乙社の株主の保有割合とが異なる場合には、交換比率を算定し交換比率に基づき甲社の株主に対して乙社株式を割り当てることを留意する必要がある。

【甲社　株主構成（株式交換後）】

株主名	続柄	役職	株数	種類	議決権割合
乙社			60,000株	普通株式	100％
合計			60,000株		100％

【乙社　株主構成（株式交換後）】

株主名	続柄	役職	株数	種類	議決権割合
A氏	本人	代表取締役	521,000株	普通株式	65%
B氏	子		220,000株	普通株式	27%
持株会	第三者		60,000株	普通株式	7%
合計			801,000株		100%

（※）1：20で割り当てたと仮定

🖊 顧問税理士として判断すべきポイント

(1) 事前に確認すべき事項

① 甲社と乙社の機能

　甲社は介護を中心とした事業を展開している一方で、乙社はあくまで甲社の代表取締役であるA氏の資産管理会社としての位置付けであるものの、現状としては乙社を有効的に活用することができていない。株式交換を行うことで、乙社と甲社との間にはホールディングス関係が構築されることになり、乙社の株主にA氏、B氏及び持株会となることから、A氏の資産管理会社というよりは、甲社の持株会社となるため、A氏の想定しているニーズを満たしているかどうかを確認する必要がある。

　また、株式交換により、甲社と乙社にはホールディングス関係が構築されることから、乙社の機能を純粋持株会社とするのか、もしくは事業持株会社（甲社の事務代行等）とするのかを検討しておく必要もある。

② 株式交換と納税資金の手当て

　A氏からの相談では、現状の相続税が高くなることが分かっており将来の納税資金の手当てについても懸念されるが、株式交換だけでは納税資金を手当てすることができない。株価については、将来贈与又は相続等を実施する際の価額で承継されることになるため、将来的に株価対策等が寄与すれば、現状の株価よりも軽減することが可能だったとしても、納税資金問題の直接的な解決策とはならない。グループが複数社あり、双方にいわゆる兄弟会社だった場合には、将来の納税資金確保の際、自社株を買い取ってもらう等の受け皿会社とし

第2章　すぐには事業承継を伴わない組織再編の提案事例　*83*

て機能するものの、株式交換により100％の資本関係となってしまうと、自社株の譲渡ができず、株式の現金化等を考慮する必要があると考えられる。

(2) 税務面の確認ポイント

① 株式交換によるＡ氏の財産額及び相続税額への影響

株式交換を行うことによって、Ａ氏が保有する乙社株式に影響が生じるが、その影響額について事前にシミュレーション等による検証を行うことが重要である。株式交換を行うことによってかえって株価が高額化してしまい、相続税も増えてしまう場合には実行を再考する提案が必要となる。

なお、株式交換を実行した場合、親会社の株価については、株式交換直後から将来にわたる子会社の含み益について、一定程度株式評価額を抑える効果がある。いわゆる評価差額（子会社の含み益等）に対する法人税等相当額（37％）が親会社の純資産価額算定上、評価額から控除されるため、株式交換後の将来にわたり、結果として株価を抑制する効果も期待できる。

(3) 経営面の確認ポイント

① 持株会の機能について

甲社の株主である持株会については、勤労意欲向上等の目的から設立したものであるが、株式交換を行うことによって持株会は資産管理会社である乙社の株式を保有することとなり、その設立趣旨から外れてしまうこととなる。ただし、その趣旨から外れることによって持株会の会員が脱退等を検討することは少ないものと考えられるものの、株式交換の実行に当たっては乙社における持株会の役割について再度検討をしていく必要がある。

ただし、持株会については、子会社の従業員であっても、持株会規約等の見直しにより、持株会員とすることが可能となるため、株式交換等の実施においても保有の継続は認められる。もちろん、従来は子会社の配当を持株会へ承継していたものが株式交換の実施によりその後は親会社からの配当に変わるため、配当政策等一定の見直しは必要になる。

② 資産管理会社の株主体制

従来は、資産管理会社として同族会社のみで所有を継続していたが、持株会が株式交換により親会社の株主となることで、資産管理会社、いわゆる親族のみで構成されるプライベートカンパニーにおいても外部株主が関わってしまうこととなる。議決権の排除や将来的に従業員等から買取り請求等の訴えを起こされないような手当てが必要であることはもちろんであるが、そもそも1株でも保有させないとする検討も重要である。

(4) 家族面の確認ポイント

① 後継候補者となる親族

A氏からは具体的な相談が来ていないが、将来的には乙社株式をB氏等の親族内で承継していくことは実務上多々あるものの、その承継に当たっては後継者として適しているかどうかを先代が気にすることも想定される。特に会社を創業したA氏からみれば、後継者となる者に同様の役割を果たすことを期待していることが多く、実際にそのハードルが高いことから子供への承継ではなく外部の者への承継を選択肢として選ぶケースもある。本ケースの場合では、B氏は甲社や乙社の役員等ではないことから、経営に関与することができておらず、A氏の本心ではB氏を後継候補者から外している可能性も想定される。もしかすると、B氏以外の後継候補者が既に親族内、もしくは従業員や役員の中にいることも考えられる。

そのため、株式交換の実行に限らずA氏がどのような事業承継を検討しているのか、このような提案の機会の際にヒアリングを行うことで、金融機関が提案しているスキームがA氏のニーズを満たす結果となるかどうかを判断するための一助になると考えられる。

② 後継者への分散承継

会社を複数の後継者に残したい、特に甲社と乙社とをそれぞれ別の後継者へ承継させたいとした場合には、それぞれ分離している会社を株式交換の実行により、親会社を頂点とする1つのグループ会社となってしまうため、複数の後継者に承継するとしても、親会社の株式を共有により承継させなければならな

いこととなり、1社に複数後継者が残ることで将来の経営上のトラブルの温床になる可能性もある。甲社及び乙社ともに後継者が決まっているようであれば、株式交換を実施せず、それぞれの会社を残していくことも一案である。

💡 本スキームに代わる提案

乙社による甲社株式の買取りと株式交換の実施

(1) スキーム図と内容

B氏（子）	代表取締役 A氏（本人）	乙社	持株会（第三者）
11,000株 18.0%	26,000株 43.0% ①**株式譲渡** →	20,000株 33.0%	3,000株 5.0%

株式会社甲社
（介護業）

代表取締役
A氏（本人）

1,000株
100.0%

乙社		B氏（子）	持株会（第三者）
36,000株 **60.0%**	②**株式交換** 10,000株 17.0%	11,000株 18.0%	3,000株 5.0%

株式会社甲社
（介護業）

① 納税資金の手当てを行うためにA氏が甲社の株式の一部を乙社へ株式譲渡。

② 甲社株主を対象に株式交換を実施。

(2) スキームに関する解説

A氏及びB氏については、将来の自社株承継の際に納税資金の確保ができていない。全ての株式を株式交換してしまうと、その後株式譲渡について納税資金確保のための売却が困難となってしまうため、事前に乙社に対し、現在の株価に基づき株式譲渡を実施することで将来の納税資金確保が可能となる。

また、株式譲渡により、A氏が保有する甲社株式は全て乙社の財産になるため、乙社株主についても後継者となるB氏等へ承継しておくことで、実質、事業承継が早期に完結することとなる。A氏による支配を乙社を通じて保有しておきたいという考えであれば、A氏が黄金株等を保有する等設計しておくことで、一定の経営権をA氏が保有したまま、財産の承継をB氏に残すことが可能となる。A氏については、株価次第であるが株式譲渡により相続財産がむしろ増加することになる点、株式譲渡後に持株会の株式を株式交換する場合に持株比率が増減することについては留意が必要となる。前者は、A氏の推定相続人におけるこの間の遺留分対策にもなり得るので、将来の相続税負担と遺留分対策とをどちらを優先するかで判断すべきであり、後者については、一旦持株会を解散した上で、乙社で新たに持株会を組成することで株主割合を一定に維持することも可能となる。現状、持株会が普通株式を保有しており、議決権を保有している状況であり、いずれにせよ規約等の見直しが必要になることが想定されるため、このタイミングで一度解散し、株式交換後に新たに持株会を親会社として組成するという手法も検討する余地はある。

【株式譲渡による承継を選択した場合】

(単位：千円)

譲渡者	譲受者	1株単価 ① 法人税時価	譲渡株式数 ②	譲渡代金 ③　①×②	取得費 ④ 譲渡代金の 5％と想定	譲渡税 ⑤ (③−④)× 20.315％	手取り額 ⑥　③−⑤
A氏	乙社	300,000円	16,000株	4,800,000	240,000	926,364	3,873,636
合計			16,000株	4,800,000	240,000	926,364	3,873,636

第2章　すぐには事業承継を伴わない組織再編の提案事例　*87*

【乙社　株主構成（株式交換後）】

株主名	続柄	役職	株数	種類	議決権割合
A氏	本人	代表取締役	201,000株	普通株式	42%
B氏	子		220,000株	普通株式	46%
持株会	第三者		60,000株	普通株式	12%
合計			481,000株		100%

(3)　まとめ

　本事例では、相談を受けたコンサル会社が株式交換を提案した事例について解説を行った。株式交換を行うことで交換子会社の株式を交換親会社に集約することができ、完全支配関係のあるホールディングス体制を構築することができる。ただし、株式交換だけでは事業承継が完結せず、後継者への自社株承継はホールディングスの株式として別途検討することが必要である。また、交換子会社の株主が交換親会社の株主になることが好ましくない場合には、事前に一部の株式を親会社となる法人が買い取るといったことをあわせて行うことが望ましいと考える。

2 会社分割に関する提案

　ホールディングス経営の一環として、株式交換や株式移転を行った後に、会社分割等を行って子会社が保有する事業の一部を親会社へ移転することや、1つの会社で複数の事業を営んでいる場合に、それぞれの事業を会社分割により複数の会社設立をするといった手法である。また、会社分割には「分割型」と「分社型」という2種類がある。

　本ケースでは株式移転を行った後の、子会社から親会社への会社分割（分割型分割）について解説する。

甲社情報

【株式会社甲社】

業種	製造業
資本金等	30,000 千円
発行済株式総数	30,000 株
1株当たり資本金等	1,000 円
純資産（簿価）	350,000 千円
総資産	1,250,000 千円
売上高（直近）	550,000 千円
従業員数	30 名

【甲社　株主構成】

株主名	続柄	役職	株数	種類	議決権割合	相続税評価額
A氏	父	代表取締役	22,000 株	普通株式	73 %	88,000 千円
B氏	母		2,000 株	普通株式	7 %	8,000 千円
C氏	本人		4,000 株	普通株式	13 %	16,000 千円
D氏	姉		2,000 株	普通株式	7 %	8,000 千円
合計			30,000 株		100 %	120,000 千円

第2章　すぐには事業承継を伴わない組織再編の提案事例　89

代表取締役 A氏（父）	B氏（母）	C氏（本人）	D氏（姉）
22,000株 73.0%	2,000株 7.0%	4,000株 13.0%	2,000株 7.0%

株式会社甲社（製造業）

【損益推移】

（単位：千円）

	直前々期の前期	直前々期	直前期	直前期以降
売上高	620,000	720,000	550,000	増加傾向
売上原価	420,000	480,000	400,000	やや増加傾向
売上総利益	200,000	240,000	150,000	
販売費及び一般管理費	90,000	100,000	100,000	現状維持
営業利益	110,000	140,000	50,000	現状維持
経常利益	93,000	130,000	55,000	現状維持
税引前当期純利益	93,000	130,000	54,000	
当期純利益	63,000	88,000	40,000	現状維持

【財産推移】

（単位：千円）

	直前々期の前期	直前々期	直前期
現預金	230,000	400,000	600,000
売上債権	280,000	400,000	300,000
建物	40,000	42,000	40,000
土地	170,000	170,000	170,000
その他資産	80,000	150,000	140,000
総資産	800,000	1,162,000	1,250,000
仕入債務	60,000	70,000	70,000
借入金	480,000	700,000	800,000
その他負債	38,000	82,000	30,000
総負債	578,000	852,000	900,000
純資産	222,000	310,000	350,000

個人財産情報

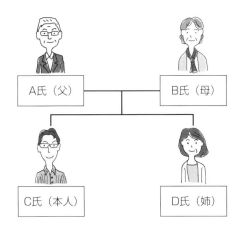

【A氏　財産一覧】

資産	
現預金	100,000 千円
甲社株式	88,000 千円
不動産（自宅）	20,000 千円
資産　計	208,000 千円
借入金	0 千円
負債　計	0 千円
純資産	208,000 千円
相続税額	29,000 千円

（※）配偶者控除考慮なし

後継者候補C氏からの相談内容

① 甲社では製造業を営んでおり、昨今の業績は良く今後も好調であることが想定される。
② 甲社では業績好調に伴って、新たな製造ラインを設けるべく、数年中に新規工場用地を取得・建設する予定がある。
③ 今後、代表（父）であるA氏やB氏等からの事業承継を検討している。

④ 妹とは険悪ではないものの、関係性は疎遠である。
⑤ 銀行から、新工場の取得に向けた融資の話があった際に、事業承継についても相談したところ、ホールディングススキームがあると聞いたため、詳細を聞くことにした。

> **C氏から相談を受けた銀行からの提案**
> 株式移転によるホールディングス設立と、会社分割による不動産の移転

(1) スキーム図と内容

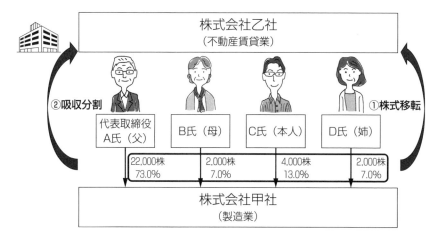

① 株式移転によるホールディングスとなる乙社を設立。
② 甲社で新工場用地を取得し、乙社へ会社分割により移転する。
③ 新工場については乙社で建設する。

(2) スキームに関する解説

本スキームでは株式移転により乙社を設立し、乙社をホールディングス会社として不動産及び金融資産等の資産運用会社として位置付け、事業と資産を分離することを目的とした提案と推測される。なお、新工場用地については会社

分割により子会社となる甲社から移転し、乙社では金融機関からの借入金をもとに新工場を建設し、借入金の返済については、新工場を甲社に貸し出すことによる賃貸料や甲社からの配当金が原資となることが想定される。配当金を親会社が子会社から受領した場合、株式の保有割合によってその取扱いが異なるが、本件の場合であれば完全子法人株式等からの配当に該当するため、全額が益金不算入として取り扱われることとなる。

【甲社　株主構成（株式移転後）】

株主名	続柄	役職	株数	種類	議決権割合
乙社			30,000 株	普通株式	100 %
合計			30,000 株		100 %

【乙社　株主構成（株式移転後）】

株主名	続柄	役職	株数	種類	議決権割合
A 氏	父	代表取締役	22,000 株	普通株式	73 %
B 氏	母		2,000 株	普通株式	7 %
C 氏	本人		4,000 株	普通株式	13 %
D 氏	姉		2,000 株	普通株式	7 %
合計			30,000 株		100 %

✍ 顧問税理士として判断すべきポイント

(1)　事前に確認すべき事項

①　会社分割による不動産移転

　株式移転や会社分割を行うことにより、株価上昇やそれに伴う相続税負担の増加といったことが想定されることから、株式移転や会社分割の長期的なシミュレーションを行い確認する必要がある。特に、株式移転により乙社の評価方式は一般的に「株式等保有特定会社」に該当することとなるため、今後のC氏への事業承継において重要なポイントとなる。その後の会社分割に伴い、親会社と子会社間の資産構成が変動することとなるが、その結果として、将来的に株価が減少する等した場合に、当該複数の組織再編行為が租税回避行為とし

てみなされるリスクが懸念されるところであるため、それぞれの組織再編行為について、どのような目的で実施するのか、特にその経済合理性について入念に検討をする必要がある。

② 新工場建設に係る資金調達と返済

甲社の業績が好調であることから、新たな製造ラインを設けるべく新工場の建設を想定しており、この点については組織再編の実行に限らず検討が必要となる事項である。工場の建設資金については、金融機関の融資はもちろん想定されるが、行政からの補助金や、手許現預金を活用することも想定される。工場用地の取得・建設資金の額にもよるが、金融機関からの借入れが必要なのかどうか、実行に当たっては再考することも必要である。

(2) 税務面の確認ポイント

① 株式移転・会社分割による株価への影響

株式移転を行うことにより、各株主が保有する自社株式の価額は将来にわたり結果として株価抑制が期待できる。これは、子会社である甲社の評価額を乙社へ反映する際に、甲社の株式に係る含み益（未実現利益の一種）のうち、法人税相当額分については控除することができるため、株価が高くなる傾向にある会社の株式については直接的に保有するよりも、ホールディングスといった他の法人を介して保有することで負担を軽減することができるためである。本スキームの場合でも、甲社の業績は今後も好調であるとの見通しから、株式評価額については年々上昇していく傾向にあると考えられる。こうした場合にはホールディングス化を行うことで結果として将来的な株価への影響において優位性があるといえる。

また、会社分割については乙社に不動産を移転することで甲社では製造業を行い、乙社では甲社の工場等の不動産管理業といった事業機能を区分することができる。ただし、甲社で取得した不動産を乙社へ会社分割で移転することは、その不動産を金融機関からの融資をもとに取得した場合に、毎年の返済が必要になってくるため、それらキャッシュフローについての計画も事前に作成しておく必要がある。

② スキームの実行に係るコスト

　本スキームでは、不動産の取得を甲社で行い、株式移転後に会社分割で不動産を乙社へ移転することとしているが、その際の不動産取得税及び登録免許税については二重でかかることに留意する必要がある。また、株式移転により法人を設立する際の登録免許税や司法書士への報酬、提案をしているコンサル会社等への支払い報酬についても高額になる傾向がある。実行に当たっては乙社へ請求されることから、運転資金等についての計画を策定しておく必要がある。

　スキームの適正性や株式評価額及び相続税・贈与税等への影響だけでなく、実行に伴って付随するコストやその支払い時期についても明確化しておくことが、円滑な実行に当たってのポイントとなる。

(3) 経営面の確認ポイント

① 甲社及び乙社の事業計画

　甲社は前述のとおり、業績が好調であることにより工場を新設することを計画しているが、新工場を建設した後の事業計画についても確認をしておく必要がある。新工場の運転に当たっての水道光熱費や人件費といった一般管理費や、機械設備等の取得に伴う支出、新工場での売上げ見通しといった、今後の事業計画を策定することで、仮に乙社へ不動産を移転した場合の賃借料の返済原資等の様々なプランをより詳細に検討することができる。

　特に、新設工場の建設・運用に当たって、一時的ではあるが甲社の資金流出が大きくなるため、金融機関からの借入金が当初以上になる可能性も考えられる。こうした、当初の計画との乖離リスクを分散させるためにも実行前の段階で検討をしていく必要がある。また、金融機関からの提案スキームを実行しないとしても、工場の建設を行う可能性が高いことは現時点で分かっている。工場用地の取得や工場の建設によって一時的に資金がショートする可能性がある場合には、その点を指摘した上で資金の手当てを検討することが求められる。

(4)　家族面の確認ポイント

①　D氏との関係性

後継者候補であるC氏とその姉であるD氏は関係性が険悪ではないものの、事業承継を機に揉める可能性が考えられる。

実務上、会社の経営に関与していない兄弟がいる場合に、経営権について揉めることは少ないが、会社の株式に係る財産権で揉めることは多々ある。特に、株式移転や会社分割といった組織再編については株主総会の決議が必要であるケースが多く、その際に事業承継を行うことが他の株主にも明示されるため、これを機にトラブルになることもある。

> 💡 **本スキームに代わる最良の提案**
>
> 将来の遺留分リスクを想定した一部売却及び株式交換によるホールディングス化

(1)　スキーム内容

①　資産管理会社乙社を設立（後継者100％株主構成）。

②　資産管理会社によるA氏、B氏、D氏株式の買取り。

③　②実施後、乙社と甲社間で乙社を親会社とする株式交換を実施。

(2)　スキームに関する解説

D氏については、疎遠となっている関係性上、将来的な会社経営の核となるホールディングスの株式についてできる限り保有させないような検討が必要になる。また、将来的にA氏及びB氏の株式を承継していく上では、いずれD氏との間でも遺留分の問題が生じる可能性もあることから、A氏及びB氏の株式について、将来の遺留分対象資産として、金銭化する必要があるものと考え、ホールディングス設立に当たり、株式移転による設立を実施するのではなく、まずは、遺留分財産確保のために、A氏及びB氏から一部株式を買い取り（全株譲渡でも可能であるが、負担金額や相続税負担を考慮して決定する）、また、D氏の株式についてもこのタイミングで買い取ることで株主から除外しておく

ことが可能となる。残ったA氏、B氏、C氏の株式については、株式交換により乙社に保有させ、乙社を頂点とするホールディングス化が実現する。その後のホールディングス経営のための会社分割等は、当初の提案内容のとおりである。株式移転にせよ株式交換にせよ、実施してしまうと既存株主からの株式買取等に制限がされるため、将来の火種となり得る会社関係者以外の株主からは早期に買取り等を実施し、また、将来的なアンバランスな遺産相続等が想定される場合には、遺言の作成だけでは解決できない遺留分相当についての手当てを先にしておくことで、税負担等は生じるものの、円滑な親族間承継が可能になるものと思われる。

(3)　まとめ

本事例では、相談を受けた銀行が会社分割を提案した事例について解説を行った。株式移転後に会社分割を行うことで親会社へ事業を承継することができ、各社の事業機能を明確化することができる。その一方で、株式移転では子会社となる法人の株主が移転によって設立した会社の株式を保有することになるため、先の事例と同様に親会社の株主となることが好ましくない場合には事前の対策が必要である。そのため、後継者が金銭出資で法人を設立し、新設法人が他の株主から株式を買い取り、ホールディングス体制を構築した後に、会社分割等を行うなど、会社分割のための事前準備が非常に重要であると考える。

3 合併に関する提案

　前項ではホールディングス体制を構築する株式移転や株式交換の解説を行ったが、本項ではホールディングス体制を解消する合併についての解説を行う。合併を実行することで複数ある子会社の整理を行うことができる事業運営上のメリットや、存続会社の株式評価額を引き下げるといった税務面でのメリットがあることから合併を実行することも少なくない。本節では税務上のメリットを目的とした提案スキームについての解説を行う。

甲社情報

【株式会社甲社】

業種	子会社管理業
資本金等	60,000 千円
発行済株式総数	8,000,000 株
1 株当たり資本金等	8 円
純資産（簿価）	4,000,000 千円
総資産	4,200,000 千円
売上高（直近）	14,000 千円
従業員数	3 名

【甲社　株主構成】

株主名	続柄	役職	株数	種類	議決権割合	相続税評価額
A 氏	父	代表取締役	1,000,000 株	普通株式	13 %	200,000 千円
B 氏	本人	代表取締役	1,500,000 株	普通株式	19 %	300,000 千円
C 氏	親族	取締役	1,600,000 株	普通株式	20 %	320,000 千円
D 氏	親族		2,800,000 株	普通株式	35 %	560,000 千円
E 氏	親族		1,000,000 株	普通株式	13 %	200,000 千円
F 氏	親族		100,000 株	普通株式	1 %	20,000 千円
合計			8,000,000 株		100 %	1,600,000 千円

代表取締役 A氏（父）	代表取締役 B氏（本人）	取締役 C氏（親族）	D氏（親族）	E氏（親族）	F氏（親族）
1,000,000株 13.0%	1,500,000株 19.0%	1,600,000株 20.0%	2,800,000株 35.0%	1,000,000株 13.0%	100,000株 1.0%

株式会社甲社
（子会社管理業）

2,000株
100.0%

株式会社乙社
（小売業）

【損益推移】

（単位：千円）

	直前々期の前期	直前々期	直前期	直前期以降
売上高	90,000	14,000	14,000	現状維持
売上原価	0	0	0	
売上総利益	90,000	14,000	14,000	
販売費及び一般管理費	125,000	100,000	38,000	現状維持
営業利益	−35,000	−86,000	−24,000	現状維持
経常利益	−7,700	−60,000	7,500	現状維持
税引前当期純利益	−7,700	−63,000	7,200	
当期純利益	−8,700	−64,000	6,200	現状維持

【財産推移】

(単位：千円)

	直前々期の前期	直前々期	直前期
現預金	90,000	210,000	90,000
売上債権	20,000	20,000	20,000
乙社貸付金	570,000	590,000	650,000
乙社株式	48,000	48,000	48,000
その他資産	3,979,800	3,775,800	3,392,000
総資産	4,707,800	4,643,800	4,200,000
借入金	630,000	630,000	120,000
その他負債	20,000	20,000	80,000
総負債	650,000	650,000	200,000
純資産	4,057,800	3,993,800	4,000,000

乙社情報

【株式会社乙社】

業種	小売業
資本金等	1,000 千円
発行済株式総数	2,000 株
1 株当たり資本金等	500 円
純資産（簿価）	−650,000 千円
総資産	30,000 千円
売上高（直近）	200,000 千円
従業員数	50 名

【乙社　株主構成】

株主名	続柄	役職	株数	種類	議決権割合	相続税評価額
甲社			2,000 株	普通株式	100 %	3,000 千円
合計			2,000 株		100 %	3,000 千円

【損益推移】

(単位：千円)

	直前々期の前期	直前々期	直前期	直前期以降
売上高	400,000	300,000	200,000	増加傾向
売上原価	140,000	100,000	80,000	やや増加傾向
売上総利益	260,000	200,000	120,000	
販売費及び一般管理費	360,000	300,000	200,000	現状維持
営業利益	−100,000	−100,000	−80,000	現状維持
経常利益	−88,000	−85,000	−55,000	現状維持
税引前当期純利益	−90,000	−86,000	−120,000	
当期純利益	−91,000	−88,000	−121,000	現状維持

【財産推移】

(単位：千円)

	直前々期の前期	直前々期	直前期
現預金	43,000	51,000	28,000
その他資産	136,000	140,000	2,000
総資産	179,000	191,000	30,000
仕入債務	10,000	8,000	8,000
甲社借入金	570,000	590,000	650,000
その他負債	40,000	122,000	22,000
総負債	620,000	720,000	680,000
純資産	△441,000	△529,000	△650,000

個人財産情報

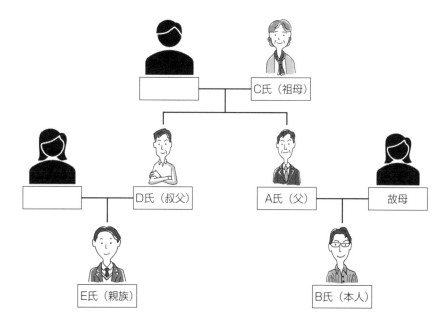

【A氏　財産一覧】

資産	
現預金	120,000 千円
甲社株式	200,000 千円
その他非上場株式	250,000 千円
不動産（自宅）	12,000 千円
資産　計	582,000 千円
借入金	0 千円
負債　計	0 千円
純資産	582,000 千円
相続税額	225,000 千円

代表取締役B氏からの相談内容

① 甲社は、父であるA氏及び祖母のC氏でかろうじて議決権の51％を保有

しているものの、その他の親族株主が49％と、おおよそ半分ずつ保有する資本構成となっている。
② その他の親族株主とは険悪な関係であり、保有している株式については回収したいものの回収資金が不足している。
③ 父であるＡ氏や祖母のＣ氏が保有する株式についても将来の相続に備えて、自身に集約したいと考えている。
④ 乙社については、業績が悪化しており今後も回復するとは考えられないことから解散等を検討している。
⑤ コンサル会社へ相談したところ、再建案があると聞き、詳細を別途聞くことにした。

Ｂ氏から相談を受けたコンサル会社からの提案
甲社を存続会社・乙社を消滅会社とする適格合併

(1) スキーム図と内容

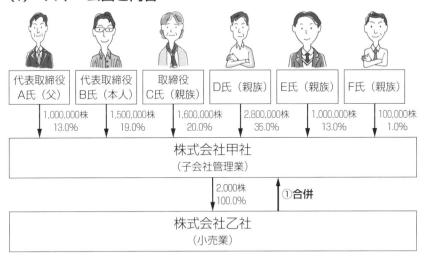

① 適格合併により甲社の資産及び負債を乙社へ取り込む。
② 甲社と乙社の相互間の債権債務については解消され、純資産額が圧縮される。

③　無対価合併であることから、甲社の株主が保有する株式数等には影響が生じない。

(2)　スキームに関する解説

　甲社の株式集約を希望しているものの、その税務上の価額が高額であることから対応に難儀しているため、子会社を合併により取り込み、親子間の債権債務の整理による純資産の圧縮を目的として提案しているものと推測される。親子間の債権債務の解消については「混同」により消滅し、純資産が圧縮されることから、甲社の株式評価額についても一定の減少効果があると考えられる。また、本来であれば合併を行った場合にも合併比率に基づき株式等の割り当てがあるが、本スキームでは完全支配関係のある親子間の合併であることから株式の割り当て等はない、無対価の適格合併となる。そのため、甲社の既存株主の議決権割合等に影響は生じない。

【甲社　財産推移】

(単位：千円)

科目	合併前	合併後	科目	合併前	合併後
現預金	90,000	90,000	借入金	120,000	120,000
売上債権	20,000	20,000	その他負債	80,000	80,000
乙社貸付金	650,000	0	総負債	200,000	200,000
乙社株式	48,000	0	純資産	4,000,000	3,302,000
その他資産	3,392,000	3,392,000			
総資産	4,200,000	3,502,000			

✐ 顧問税理士として判断すべきポイント

(1)　事前に確認すべき事項

①　組織再編に伴う会社法の論点

　通常、合併を行う場合には株主総会での特別決議による承認を得る必要がありオーナーが単独で支配している会社等については、こうした会社法の問題が起こることは少ない。また、ある一定規模の会社との合併（「略式合併」や「簡

104

易合併」）についてはこうした決議が不要ではあるが、債務超過の会社との合併については、株主総会の開催は免れることができない。そのため、本事例のように経営に関与していないその他親族株主が過半数に近い割合を保有している場合には、特別決議での承認を得ることができないリスクが想定される。

また、合併を行う場合には合併法人及び被合併法人の債権者に対しての「債権者保護手続き」が必要となる。債務超過の会社を取り込む場合には、合併法人の債権者から異議申し立てが起きることもあり、その場合には実行に先んじて債権者への返済が必要となることから、こうした会社法の論点についても検討することが必要である。

② 組織再編実行後の株式集約方法

コンサル会社は株式の集約を円滑に運ばせるために、子会社との合併を行い甲社の株式評価額を引き下げてから、その他の親族株主が保有する株式の集約を検討していると考えられる。ただし、あくまで株式の集約はA氏やB氏といった現経営者が希望しているものであり、その他の親族株主としては保有し続けることを希望していることも想定される。こうした場合には双方の希望が通らず、具体的な解決策も見当たらないままになることも多々ある。

こうしたことが起きないように、その他の親族株主の考えについてもヒアリングを行い、株式をどのような方法で手放す意思があるのかを確認しておくことが重要である。

(2) 税務面の確認ポイント

① 合併による甲社株式の評価額への影響

甲社を存続会社とする合併を行うことにより、甲社株式の評価額にどのような影響が生じるか検証する必要がある。甲社では配当を支払うことは、現株主の関係性からもないことが想定され、甲社についてもかろうじて今期の利益が黒字のため、一般の評価会社に該当しているが、株式の評価方式が「比準要素数1」の会社に該当するリスクは常にある。今回の合併を行うことで、その利益金額についてどのような影響が生じるのかを検証しておく必要があり、仮に比準要素数1の会社に該当した場合には現状よりも株価が高くなる可能性が高

いことから、合併の実行を見送る必要性も考えられる。

② 株式の評価方法と集約方法

　合併等の組織再編を行い、対象会社の事業構成に変動が生じた場合には、株式評価額の算定に当たっては「類似業種比準価額」の使用ができないことがある。具体的にいうと、非上場会社（同族会社）の株式については「類似業種比準価額」と「純資産価額」の２つの価額を使用して評価をするが、この類似業種比準価額については対象会社の「配当」、「利益」、「純資産」の３要素を同業種の上場会社に比準させて算定するものである。合併や吸収分割といった再編行為を行った場合、対象会社の利益やその会社の事業構成が変わることから再編から数年間は類似業種比準価額を使用することができない。

　株価を引き下げるための再編行為であれば、株式の集約には数年間の期間を置く必要があることに留意する必要がある。なお、同業種同士での再編行為であれば類似業種比準価額を使用することは可能であると考えられるが、今回のような異業種との再編行為であることから株式集約については期間を置く必要がある。そのため、数年間の間に会社の業績が好調になった場合に、かえって甲社の株式評価額が高くなる可能性があり株式の買取りや贈与による集約が困難になることも想定しておく必要がある。なお、こうした株主間の関係性が良好でない場合には、買取りによる集約が一般的であることから資金調達の方法を検討することも重要である。

(3)　経営面の確認ポイント

① 甲社の事業計画

　甲社について過去２年間は赤字を計上しており、直前期でかろうじて黒字を計上している。甲社は合併後も事業を継続していくことを前提としていることから、事業の立て直しを図ることが必須である。こうした場合には、甲社及び乙社が保有する債権債務の整理を行い、資産構成を適正化していく必要がある。また、積極的に行政からの補助金等を活用し自己資金の流出を減らしていくこともまた検討することが重要である。

② 甲社の事業役割

　甲社は乙社の事務代行等の業務を行っていたが、乙社との合併により小売業を引き継ぐことになるため、甲社の事業的役割を見直す必要がある。甲社で小売業を引き継ぐ場合には、小売業の営業許可の取得等の対応が必要となる一方、乙社で使用していた店舗を他社へ賃借する不動産賃貸業とする場合には、人員整理といった様々な対応が必要となる。合併により事業承継の負担が下がったとしても、事業継続が困難になってしまっては元も子もない。こうしたトラブルを回避するためにも、事業承継だけでなく承継後の事業計画についても検証していくことが重要である。

(4)　家族面の確認ポイント

①　その他の親族株主との対話

　甲社株式の集約に向けて、他の親族株主とのコミュニケーションは非常に重要である。現状ではかろうじて議決権の過半数を保有する資本構成となっているため、経営上は運営が難しい状況にあり、これが今後の甲社の経営も害することとなる。こうした課題を解決するためには、その他の親族株主であるD氏等の協力が必要である。株式を手放してもらうためにも現経営陣側からの歩み寄りも必要であることを認識させた上で、双方にとって良い結果となるような資本政策を行う必要がある。

②　B氏への承継について

　現在は代表取締役が2名いるが、甲社の後継候補者についてはB氏となることが想定される。B氏への承継を円滑に進めるためにも、現在の株主構成の見直しを行う必要がある。また、祖母であるC氏についても高齢であることから、相続が発生する可能性も低くないことを踏まえると、B氏への承継は早急に進めていく必要がある。

💡 本スキームに代わる最良の提案

グループ会社間の債権債務を会社分割により相殺

第2章　すぐには事業承継を伴わない組織再編の提案事例　　*107*

(1) スキーム内容

① 甲社が保有する乙社の貸付金について会社分割により乙社へ移転する。

② 乙社では甲社に対する債務と相殺されることで債権債務の整理が完了する。

(2) スキームに関する解説

乙社は債務超過になっているが、主な負債については甲社からの借入金であることから合併ではなく会社分割により甲社が所有する貸付金を乙社へ切り出すことで甲社への借入金を相殺することが可能となる。こうすることにより、乙社が消滅せず小売業についての再建を検討する余地が残される。

従来ホールディングスとして機能してきた面を残し、合併による株価上昇等のリスクにも備えることができ、甲社と乙社それぞれの事業にかかる棲み分けを継続することができる。

また、乙社を存続させることで、甲社の経営に関与しない親族に渡し、将来的に会社ごと売却するケースもあり、甲社との分離を図ることも想定でき、かつ、場合によっては M&A による売却等にも応用できる。

(3) まとめ

本事例では、相談を受けたコンサル会社が合併を提案した事例について解説を行った。合併を行うことで親子会社間の債権債務を整理することができるほか、グループ構成の整理も可能となる。その一方で子会社が消滅することにより親会社の株価への影響が生じることや、別事業を他社で展開することを考えたときに、再度会社を設立するといった手間が生じる。こうした点を考慮し、合併を行うべきか又は単に債権債務の整理のみで済ませるか慎重に検討することが望ましいと考える。

4 子会社清算に関する提案

業績が好調であるために子会社を設立し事業の多角化を狙ったものの、うまくいかず会社を閉鎖することは少なくない。会社の閉鎖については様々な方法があるが、その会社自体を活用することがない場合には解散等もしくは合併等により整理することが想定される。

甲社情報

【株式会社甲社】

業種	飲食業
資本金等	10,000 千円
発行済株式総数	1,000 株
1株当たり資本金等	10,000 円
純資産（簿価）	250,000 千円
総資産	600,000 千円
売上高（直近）	200,000 千円
従業員数	28 名

【甲社 株主構成】

株主名	続柄	役職	株数	種類	議決権割合	相続税評価額
A氏	本人	代表取締役	800 株	普通株式	80 %	144,000 千円
B氏	妻	監査役	150 株	普通株式	15 %	27,000 千円
C氏	子	取締役	50 株	普通株式	5 %	9,000 千円
合計			1,000 株		100 %	180,000 千円

第2章 すぐには事業承継を伴わない組織再編の提案事例 *109*

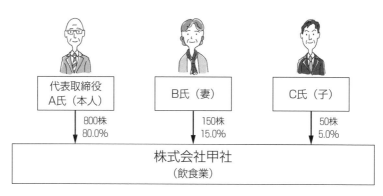

【損益推移】

（単位：千円）

	直前々期の前期	直前々期	直前期	直前期以降
売上高	120,000	160,000	200,000	増加傾向
売上原価	95,000	120,000	140,000	増加傾向
売上総利益	25,000	40,000	60,000	
販売費及び一般管理費	10,000	18,000	32,000	増加傾向
営業利益	15,000	22,000	28,000	増加傾向
経常利益	20,000	29,000	35,000	増加傾向
税引前当期純利益	20,000	29,000	35,000	
当期純利益	13,000	17,000	23,000	増加傾向

【財産推移】

（単位：千円）

	直前々期の前期	直前々期	直前期
現預金	110,000	115,000	120,000
売上債権	40,000	30,000	50,000
乙社貸付金	110,000	105,000	100,000
乙社株式	41,500	41,000	40,500
建物	66,000	63,000	60,000
土地	180,000	180,000	180,000
その他資産	52,500	48,000	49,500
総資産	600,000	582,000	600,000
未払金	70,000	60,000	80,000
借入金	300,000	280,000	250,000
その他負債	20,000	15,000	20,000
総負債	390,000	355,000	350,000
純資産	210,000	227,000	250,000

乙社情報

【株式会社甲社】

業種	飲食業
資本金等	10,000 千円
発行済株式総数	1,000 株
1株当たり資本金等	10,000 円
純資産（簿価）	120,000 千円
総資産	300,000 千円
売上高（直近）	15,000 千円
従業員数	6 名

【乙社　株主構成】

株主名	続柄	役職	株数	種類	議決権割合	相続税評価額
甲社			900 株	普通株式	90 %	40,500 千円
A氏		代表取締役	100 株	普通株式	10 %	4,500 千円
合計			1,000 株		100 %	45,000 千円

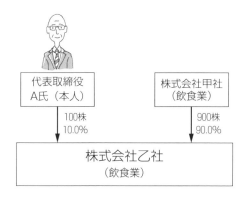

第2章　すぐには事業承継を伴わない組織再編の提案事例

【損益推移】

(単位：千円)

	直前々期の前期	直前々期	直前期	直前期以降
売上高	30,000	22,000	15,000	減少傾向
売上原価	27,000	18,000	12,000	減少傾向
売上総利益	3,000	4,000	3,000	
販売費及び一般管理費	5,000	4,500	6,000	増加傾向
営業利益	−2,000	−500	−3,000	減少傾向
経常利益	1,800	1,600	800	減少傾向
税引前当期純利益	1,800	1,600	800	
当期純利益	1,200	1,100	500	現状維持

【財産推移】

(単位：千円)

	直前々期の前期	直前々期	直前期
現預金	50,000	35,000	40,000
建物	70,000	65,000	60,000
土地	150,000	150,000	150,000
その他の資産	60,000	62,500	50,000
総資産	330,000	312,500	300,000
未払金	40,000	58,000	60,000
甲社借入金	110,000	105,000	100,000
その他負債	61,600	30,000	20,000
総負債	211,600	193,000	180,000
純資産	118,400	119,500	120,000

個人財産情報

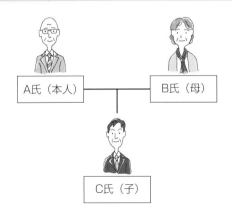

【A氏　財産一覧】

資産	
現預金	35,000 千円
甲社株式	144,000 千円
不動産（自宅）	30,000 千円
資産　計	209,000 千円
借入金	0 千円
負債　計	0 千円
純資産	209,000 千円
相続税額	36,100 千円

（※）配偶者控除考慮なし

代表者A氏からの相談内容

① A氏は長年甲社及び乙社の経営を行ってきたが、後継者への事業承継に向けて業績の悪い乙社を手放したいと考えている。
② 乙社には不動産の購入に際して甲社からの借入金が約100,000千円残っており、実質的に返済することができない状態にある。
③ 銀行から、再建に向けた提案があると聞いたため、説明を聞くことにした。

> **A氏から相談を受けた銀行からの提案**
> 子会社である乙社の解散・清算

(1) スキーム図と内容

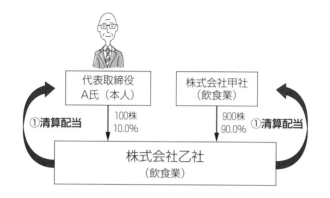

①　乙社が保有する資産を全て現金化する。
②　乙社が保有する負債を全て返済し、残余財産については乙社の株主に対して配当を行う。

(2) スキームに関する解説

　乙社を解散・清算することにより乙社が保有する全ての資産を現金化し、乙社の負債を全て返済することとなる。また、負債の返済後に残余財産が残る場合には乙社の株主に対して配当を行うことで会社の清算が完了する。一般的に解散・清算は、当該会社が債務超過状態にあり返済の目途が立たない場合や、債務超過ではないものの当該会社の必要性がないといった場合に選択され、本件については債務超過ではないものの乙社の活用価値がないと判断された上での提案であると推測される。

【乙社　財産項目】

（単位：千円）

	簿価	時価
現預金	40,000	40,000
建物	60,000	50,000
土地	150,000	100,000
その他の資産	50,000	50,000
総資産	300,000	240,000
未払金	60,000	60,000
甲社借入金	100,000	100,000
その他負債	20,000	20,000
総負債	180,000	180,000
残余財産		60,000

🖊 顧問税理士として判断すべきポイント

(1)　事前に確認すべき事項

①　乙社の活用価値

　乙社がこれまで続けてきた事業については廃業するものの、その他の資産について存続させることができれば、清算まで進める必要がないものと思われる。いわゆる資産管理会社等として存続させる可能性があるのであれば、廃業する事業は閉鎖するものの当該会社に残る事業以外の資産について、何かしらの活用方法があるかの確認が必要となる。

②　時価の把握

　乙社が保有する資産について、清算する場合には法人税等の負担が生じる可能性があるため、時価評価額の試算が必要になる。また、所有する不動産を他の会社等へ売却する場合には、税務上の時価よりも不動産鑑定士等による鑑定評価額をベースに取引することが望ましいため、簡易的にでも概算評価額を把握しておく必要がある。

第2章　すぐには事業承継を伴わない組織再編の提案事例　　*115*

(2) 税務面の確認ポイント

① 解散・清算した場合のみなし配当

　法人を解散する場合には、所有する資産を全て現金化し、負債等返済が必要なものを返済し、最終事業年度の法人税等も支払った残余の現預金があれば、株主に分配されることとなる。この場合、会社の資本金等の金額を上回る金額で株主に分配される場合には、配当とみなされ（みなし配当）、配当課税がされることとなる。個人の場合、配当課税は、配当所得として総合課税となるため、所得税及び住民税合わせ最大約50％（配当控除加味）となる一方、法人株主については、完全支配関係のある法人であれば、100％益金不算入となる。

　本件の場合、個人株主へは配当所得課税がされるものの、法人株主である甲社へ配当するとしても全額益金不算入となるため、当該配当に対し税負担なく払戻しすることが可能となる。

② 不動産売却による税負担

　不動産売却に伴い、時価との差額について法人税等の負担が生じることとなる。長期的に保有している物件については、時価との乖離があるものも多く、決算書上の数字で把握できない含み益が生じているケースも多い。また、解散の場合には、必ず不動産を処分しなければならず、当該不動産を解散のために甲社等へ売却する場合には、不動産所得税及び登録免許税等の流通税負担が生じることとなる。解散にかかる税負担のほか、不動産処分に当たり、発生する税負担についても考慮しておく必要がある。

(3) 家族面の確認ポイント

① 後継者候補であるＣ氏の考え

　将来の後継者候補となるＡ氏の子であるＣ氏においては、乙社を自身の新事業として活用する等の考えがあるのであれば、存続させるかどうか確認しておく必要がある。また、乙社の清算については、Ａ氏及び甲社への配当を通じて、乙社に残る財産がそれぞれにわたることとなり、子からすれば将来の相続財産の増加に繋がることが懸念される。

　そのため、子として事業清算を良しと考えるか、何らかの活用の場として乙

社を利用するかについての考えを確認しておくことが望ましい。

> 💡 **本スキームに代わる最良の提案**
>
> 甲社を存続会社とする合併

(1) スキーム図と内容

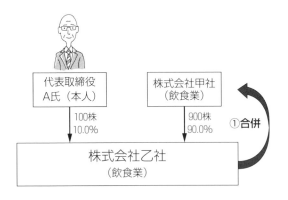

① 甲社を存続会社、乙社を消滅会社とする合併。
② 乙社の資産負債は全て甲社へ承継される。
③ 甲社と乙社との間で適格合併により、全て簿価引継がされ課税関係が生じない。

(2) スキームに関する解説

　乙社の事業について解散をすることで、甲社においては配当課税がないものの、A氏に対してみなし配当課税が想定される。また、乙社が所有する不動産について解散のため処分する際に売却益が生じる場合、法人税等の負担が生じ、かつ、グループ会社等へ売却することで不動産取得税等の流通税負担が生じることとなる。

　合併により乙社の資産負債全てを甲社へ承継することで、不動産を現金化する必要がなく、適格合併であれば含み益に対する課税も生じず、全て簿価で引き継がれることとなる。また、不動産取得税は非課税となり、登録免許税も通

常の売買に比べ、約4分の1程度に軽減されることとなる。

　さらに、解散の場合には、A氏及び甲社へ乙社の資産負債が全て現金として清算されることになるため、将来的な相続税負担が増加することが想定されるものの、合併により全て甲社へ引き継がれれば、甲社の株価評価額次第であるが、相続税負担を現状の水準と大きな差が生じないことになる可能性もある。ただし、合併直後の株価評価については、過去の適正な実績が把握できないこともあり、類似業種比準価額を計算することができず、純資産価額での計算が強制されることで一時的に株価上昇リスクがあることには留意が必要である。

(3)　まとめ

　本事例では、相談を受けた銀行が子会社の清算を提案した事例について解説を行った。子会社の清算は先の事例でも解説したとおり、債権債務や資本構成を整理することができるが、消滅する会社の株主に対して配当が生じる可能性があることや、時価を把握するための手間が生じることに留意する必要がある。残余財産の分配があり、かつ個人株主がいる場合には清算ではなく親会社との合併を行うことが個人株主への負担の面でも望ましいと考える。

5 オーナーの資産取得に関する提案

　オーナーが会社の経営に必要な財産（会社敷地や事務所等）を保有している場合には、会社に集約させることが相続税の観点からすれば望ましい可能性がある。特に、不動産については現金化することが必ずしも容易であるとはいえず、また、会社の経営に関わる財産であれば経営に関与しない者に流出するリスクも想定される。こうしたリスクを除くためにも、個人で所有している会社の経営に関与する財産については集約することが望ましい。

甲社情報

【株式会社甲社】

業種	製造業
資本金等	10,000 千円
発行済株式総数	200 株
1 株当たり資本金等	50,000 円
純資産（簿価）	350,000 千円
総資産	450,000 千円
売上高（直近）	300,000 千円
従業員数	14 名

【甲社　株主構成】

株主名	続柄	役職	株数	種類	議決権割合	相続税評価額
A 氏	父	会長	50 株	普通株式	25 %	42,500 千円
C 氏	本人	代表取締役	150 株	普通株式	75 %	127,500 千円
合計			200 株		100 %	170,000 千円

第2章　すぐには事業承継を伴わない組織再編の提案事例　*119*

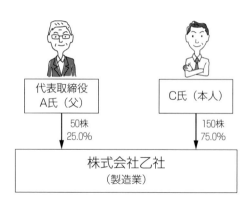

【損益推移】

(単位:千円)

	直前々期の前期	直前々期	直前期	直前期以降
売上高	220,000	250,000	300,000	増加傾向
売上原価	150,000	160,000	180,000	増加傾向
売上総利益	70,000	90,000	120,000	
販売費及び一般管理費	105,000	100,000	110,000	現状維持
営業利益	−35,000	−10,000	10,000	増加傾向
経常利益	10,000	20,000	40,000	増加傾向
税引前当期純利益	10,000	20,000	40,000	
当期純利益	6,000	12,000	25,000	増加傾向

【財産推移】

(単位:千円)

	直前々期の前期	直前々期	直前期
現預金	126,000	108,000	150,000
売上債権	75,000	90,000	80,000
建物	160,000	155,000	150,000
その他資産	60,000	75,000	70,000
総資産	421,000	428,000	450,000
借入金	100,000	95,000	90,000
その他負債	8,000	8,000	10,000
総負債	108,000	103,000	100,000
純資産	313,000	325,000	350,000

個人財産情報

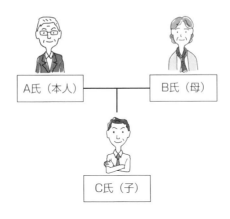

【A氏 財産一覧】

資産	
現預金	35,000 千円
甲社株式	42,500 千円
土地（会社敷地）	300,000 千円
資産 計	377,500 千円
借入金	0 千円
負債 計	0 千円
純資産	377,500 千円
相続税額	100,200 千円

代表者A氏からの相談内容

① 相続税が高く納税資金が不足することが想定されるため、不動産を現金化したい。

② 不動産については会社の敷地であることから、外部への売却ではなく甲社に買い取ってほしい。

③ コンサル会社より、不動産取得に関する提案があり、聞いてみることにした。

> A氏から相続を受けたコンサル会社からの提案
> 甲社による不動産の取得

(1) スキーム図と内容

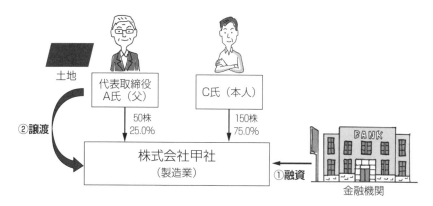

① A氏が所有する土地を甲社が取得。
② 甲社は土地取得代金を金融機関から融資を受ける。

(2) スキームに関する解説

【土地を時価で譲渡した場合】

(単位：千円)

譲渡価額	取得費	譲渡税	手取り額
① 時価	② 譲渡価額の5％と想定	③ (①-②)×20.315％	④ ①-③
400,000	20,000	77,197	322,803

(※) 時価を4億円と仮定。

【A氏　財産一覧】

	譲渡前	譲渡後
資産		
現預金	35,000 千円	357,803 千円
甲社株式	42,500 千円	42,500 千円
土地（会社敷地）	300,000 千円	0 千円
資産　計	377,500 千円	400,303 千円
借入金	0 千円	0 千円
負債　計	0 千円	0 千円
純資産	377,500 千円	400,303 千円
相続税額	100,200 千円	109,321 千円

（※）配偶者控除考慮なし

顧問税理士として判断すべきポイント

(1)　事前に確認すべき事項

①　不動産の賃料や取得費

　従来は、A氏が甲社へ不動産を賃貸することで一定の賃貸料を受けており、当該賃貸料がA氏の毎年の収入となっていたこともあり、今回の売却によって収入減少が見込まれる。その他の収入により不動産収入が減少することについて生活面で影響がなければ問題ないが、収入減により生活面で資金繰り等に負担や不安があるかどうか確認しておく。

　また、不動産売却については、A氏側で不動産売却収入から取得費等を差し引いた差額について利益が生じていれば譲渡所得として譲渡税負担が生じることとなる。

(2)　税務面の確認ポイント

①　不動産の取得費

　前述のとおり、不動産の取得費がいくらかによって譲渡所得にかかる譲渡税負担に影響が生じる。過去に取得されたものであればあるほど、取得時の譲渡契約書等の根拠資料が見つからないケースがある。また、取得後に土地改良等

第2章　すぐには事業承継を伴わない組織再編の提案事例　　123

して資本的支出として支払った金額も取得費を構成するものであるため、当該資料が揃っているかどうかを確認しておく。

なお、取得費の資料がない場合、概算取得費として売買金額の5％のみが取得費として認められることとなるため、実質売買金額の95％相当が利益となってしまうこととなる。取得費の資料がない場合において、概算取得費でなく、「市街地価格指数」に基づき取得費を推計するという手法により譲渡所得を計算し、申告したという事例をまれに聞くが、当該手法は法令及び通達において定められた手法ではなく、計算できたとしても「近似値」の算定であって実額を計算したものでないことから、その適用については慎重に検討すべきである。

② 譲渡後の相続税

不動産については個人で所有している限りにおいて、相続税評価額により評価されることとなる。いわゆる路線価や固定資産税評価額ベースで評価され、いわゆる時価（市場で売買する場合の金額）と比較して少ない金額で評価される。

個人資産を法人へ売却する場合には、相続税評価額ベースではなく、不動産鑑定士等による鑑定評価額ベースで売却することとなるため、一般的に相続税評価額よりも高い金額で取引することとなる。当該金額から不動産売却にかかる譲渡税等を差し引いた手取り額が相続財産となるため、一般的に個人で所有していた不動産を売却することで相続税負担が増加することとなる。

(3) 経営面の確認ポイント

① 資金繰り

法人側では、不動産取得をすることで将来的に賃借料負担が生じないことから、毎年の損益は改善することとなる一方、不動産取得代金に対する借入金の返済が必要となる。返済期間や返済金利により、賃借料負担減少に対し、支払う元利の増加と比較し、毎月の資金繰りについて影響を及ぼすか試算する必要がある。

② 損益に与える影響

　前述のとおり、法人側は、賃借料負担減少により、利益は改善されることとなる。一方、土地の取得後については、建物と異なり減価償却による費用化がされないため、借入金の返済による資金支出はあるものの、金利部分しか費用化できないこととなり、利益に対する法人税負担が増加することとなる。

(4)　家族面の確認ポイント

①　相続人との関係

　土地を法人へ売却することで法人に資産集約がされる一方、法人を承継する後継者に全ての資産が集約されることとなる。推定相続人において、相続問題が生じる可能性があるかどうか、特に従来会社から得ていた賃貸料については、土地を売却しなければ将来的な生活費等を得る手段であるため、A氏だけでなく、A氏の妻等に与える影響も考慮しておく必要がある。

> 💡 **本スキームに代わる最良の提案**
>
> **土地を売却せずA氏による所有を継続し、将来の相続等で現金化**

(1)　スキーム内容

① 　土地売却による相続税負担増加を想定し、A氏による所有を継続する。

② 　A氏が所有継続することで、A氏に対する収入が継続され、配偶者等の生活費等にも寄与。

③ 　将来的にA氏等が相続した後に会社へ売却等も想定される。

(2)　スキームに関する解説

　目下の相続税負担を考慮し、土地売却をせず、所有を継続させることを前提とした提案である。同族会社において法人から個人が受け取る収入については、給与以外では不動産賃貸料等が一般的であるが、特に現役引退後、役員報酬等の収入が減少することで、個人、特に配偶者の老後資金等に影響を及ぼすケースがある。また、不動産売却による相続税負担増加及び、所得税負担が生じる

第2章　すぐには事業承継を伴わない組織再編の提案事例　*125*

ことも懸念されることから、まず、現状においては所有を継続し、将来的にA氏の相続において不動産売却等を想定するものである。

A氏の相続において、配偶者かC氏が取得することが想定されるが、配偶者が相続する場合には、配偶者のその後の老後資金として、C氏が相続する場合には、C氏による法人への売却により、当該売却代金が相続税の納税資金として手当てすることが可能となる。

また、相続により取得した財産を相続税の申告期限から起算して3年以内に売却する場合には、当該売却時の取得費に売却した財産にかかる相続税相当額を加算（取得費加算）した上で譲渡所得を計算することができるため、相続前に譲渡するか、相続後に譲渡するかによって、所得税負担にも影響を及ぼすこととなる。

なお、当該土地については法人の事業の用に供していることから、相続時にC氏が取得することで「特定同族会社事業用宅地等」として、相続税評価額を引き下げることも可能となるため、生前での売買だけでなく相続後の売買を検討することもまた重要である。

(3) まとめ

本事例では、相談を受けたコンサル会社が提案した事例について解説を行った。会社で使用している資産については会社で取得することが望ましく、法人以外に流出するリスクがある場合には早急に対応することが必要である。その一方で、売却によって賃貸料といった所有者の収入がなくなってしまうことなどを想定し、生前の対応ではなく相続時に対応することも案として考えられる。

第 **3** 章

親族外承継でよくある提案事例

1 MBO（従業員・役員）による承継に関する提案

　本章では、実務上でもよく行われる「親族外承継」についての解説を行う。

　親族外承継では主に役員や従業員といった社内での承継が多く、近年ではM&Aによる外部への売却も少なくはない。本項では、従業員や役員が直接株式を買い取る事例について解説を行う。

甲社情報

【株式会社甲社】

業種	電子部品製造業
資本金等	50,000 千円
発行済株式総数	1,000 株
1 株当たり資本金等	50,000 円
純資産（簿価）	650,000 千円
総資産	1,100,000 千円
売上高（直近）	1,800,000 千円
従業員数	90 名

【株主構成】

株主名	続柄	役職	株数	種類	議決権割合	相続税評価額
A 氏	本人	代表取締役	740 株	普通株式	74 %	740,000 千円
B 氏	第三者		260 株	普通株式	26 %	260,000 千円
C 氏	第三者	取締役		普通株式	0 %	0 千円
合計			1,000 株		100 %	1,000,000 千円

代表取締役 A氏（本人） 740株 74.0%
 B氏（第三者） 260株 26.0%
 C氏（第三者）

株式会社甲社
（電子部品製造業）

【損益推移】

(単位：千円)

	直前々期の前期	直前々期	直前期	直前期以降
売上高	1,600,000	1,600,000	1,800,000	やや増加傾向
売上原価	1,150,000	1,100,000	1,300,000	やや増加傾向
売上総利益	450,000	500,000	500,000	
販売費及び一般管理費	300,000	320,000	300,000	減少傾向
営業利益	150,000	180,000	200,000	減少傾向
経常利益	230,000	180,000	190,000	増加傾向
税引前当期純利益	200,000	180,000	−100,000	
当期純利益	140,000	140,000	−100,000	増加傾向

【財産推移】

(単位：千円)

	直前々期の前期	直前々期	直前期
現預金	500,000	660,000	470,000
売掛金	200,000	230,000	240,000
建物	4,600	4,000	4,000
土地	1,000	1,000	1,000
その他資産	94,400	95,000	155,000
総資産	880,000	990,000	870,000
未払金	130,000	140,000	150,000
借入金	50,000	50,000	50,000
その他負債	90,000	50,000	20,000
総負債	270,000	240,000	220,000
純資産	610,000	750,000	650,000

個人財産情報

【C氏　財産一覧】

資産	
現預金	150,000 千円
不動産（自宅）	6,000 千円
資産　計	156,000 千円
純資産	156,000 千円

代表者A氏からの相談内容

① 甲社はB氏と立ち上げ、事業規模を拡大してきたが、高齢になったことも あり退任を検討しており、退任と合わせて株式を渡したいとB氏も考えてい る。

② 株の承継は親族内に後継者がいないこともあり、外部への売却等で現金化 したい。

③ 社内での後継者候補としては取締役として経営に関与しているC氏が適任 と思われるが、株の買取り資金は少ないと聞いている。

④ 銀行より、具体的な承継案があると聞き、後日詳細を聞くことにした。

A氏から相談を受けた銀行からの提案

役員退職金支給後にC氏との個人間売買

(1) スキーム図と内容

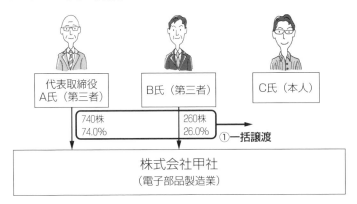

① 甲社でA氏及びB氏に対して役員退職金を支給する。
② 退職金の支給後にC氏(又はC氏の資産管理会社)がA氏とB氏から株式を売買により取得する。

(2) スキームに関する解説

本スキームでは、非上場会社によくある「親族内承継」ではなく、自社の従業員や役員といった「親族外承継」である。一般的に親族外承継の場合には「贈与」による承継は少なく、後継者が現経営者から株式を買い取る「売買」によることが多い。

【株式譲渡による承継を選択した場合】

(単位:千円)

譲渡者	譲受者	1株単価 ①相続税評価額	譲渡株式数 ②	譲渡代金 ③ ①×②	取得費 ④ 額面と想定	譲渡税 ⑤ (③-④)× 20.315%	手取り額 ⑥ ③-⑤
A氏	C氏	1,000,000円	740株	740,000	37,000	142,814	597,186
B氏			260株	260,000	13,000	50,178	209,822
合計			1,000株	1,000,000	50,000	192,993	807,008

今回の場合には甲社の役員であるC氏による個人間売買であり、現経営者に現金化ニーズがあるものの、株式評価額が非常に高額であることから役員退職

金を支給し、評価額を減少させ、C氏の資金負担を軽減することを狙ったものと推測される。また、C氏単独で買取りが困難である場合には、C氏が組成する資産管理会社により法人で買い取ることも想定される。

✏ 顧問税理士として判断すべきポイント

(1) 事前に確認すべき事項

① C氏の保有する余剰資金

今回の金融機関の提案については、C氏に対して非常に資金負担が重くなるスキームであることは明白であるが、「贈与」による承継ができない以上はC氏がA氏やB氏から株式を買い取るだけの資金余力があるかどうかを確認する必要がある。特に、C氏に家族がいる場合には貯金等があったとしても、株式の買取り資金に充填することは非常に困難であることから、ヒアリングに当たっては正確な数字の確認が重要となる。

仮に個人財産だけで全ての株式を買い取ることができず、一部の買取りとなってしまっては却って甲社株式が分散するリスクが生じ、事業承継後の経営に支障が生じる可能性がある。こうしたことを踏まえて、C氏に余剰資金があるかどうかを早急に確認し、困難である場合には会社からの貸付け等の他のプランを検討し提案する必要がある。

② 甲社の余剰資金

退職金の支払いやC氏が単独で購入できない場合の買取り資金の貸付け等の資金が必要となるため、甲社として会社経営に支障がない余剰資金をどれだけ確保できるかを把握しておく必要がある。また、買取り資金を分割で用意する場合には、将来の収益力が重要になるため、会社の事業計画において当該資金を手当てできるかどうかをヒアリング及び事業計画策定の上把握しておく必要がある。

③ A氏及びB氏における事業承継の考え方

A氏及びB氏が会社の継続を前提として親族外への事業承継を検討している以上、会社継続が最大限の関心ごとであることが想定される。そのため、C氏

の負担や会社の負担はできる限り避けたいという考えがあるか、事業承継の考え方やスタンスについて確認しておく必要がある。一般的に従業員等の親族外へ承継を検討する場合は、これまで従業員等として給与所得者であった後継者には買取り資金が十分でないことが多く、その者へ承継するに当たってはできる限り負担を軽減させ、かつ、会社にも経営のため資金を残しておきたいと考える経営者が少なくないため、事業承継において、退職金の確保や株式譲渡代金の確保がどこまで必要かについてＡ氏及びＢ氏の意思を確認しておくことが必要である。

(2) 税務面の確認ポイント

① 退職金支給による株式評価額への影響

本スキームでは株式の買取りに当たって、Ａ氏及びＢ氏に対して役員退職金を支給し株価を低くした上で買い取ることを提案している。幸い甲社はキャッシュリッチであることから退職金の支給は可能であると推測され、支給についての実現可能性は非常に高い。そのため、退職金を支給することにより甲社株式の評価額がどれだけ減額するのか、またその価額で買い取ることが可能かどうかの検討も必要となる。

なお、役員退職金支給後の株価でも売買が困難である場合には、Ａ氏及びＢ氏が了承する前提での「低額譲渡」による承継も検討される。

② 株式譲渡にかかる譲渡税

Ａ氏及びＢ氏において、自身の株式取得費を超える売買金額に対しては、約20％の譲渡税が生じることとなる。上記①にある退職金については、一定の退職所得控除を差引した後の２分の１に対し総合課税の所得税等（約15〜55％）がかかる。退職金の手取り割合と株式譲渡による手取り割合とに差が生じることとなり、手取りだけ考えた場合にどちらの割合を多くするかについて検討が必要となる。

第3章　親族外承継でよくある提案事例　　*133*

（3）　経営面の確認ポイント

①　事業承継の時期

　後継者候補であるＣ氏に事業承継するとしても、これまで株式を保有しておらず、会社経営においても一取締役としての関わりだったこともあり、すぐに事業承継（経営及び財産ともに）することで問題が生じないか、両者間で話し合う場は必須である。特に親族外への承継であることもあり、すぐに承継するのではなく、2～3年程度の並走期間をもって、経営のノウハウの委譲や後継者側の経営者としての自覚を与える期間を設けることが望ましいものと思われる。

②　事業承継後の甲社の経営について

　後継者候補であるＣ氏は取締役として経営に関与しているため、承継については比較的スムーズに運ぶと考えられるが、役員への承継でよくあるトラブルとしては、社内での理解を得られないことである。他に取締役がいる場合、後継者に指名されなかったことにより反感を持ち、承継後に後継者と敵対する可能性がある。また、社内だけでなく取引先についても、後継者を良く思っておらず事業承継後に契約を切られてしまうといったことも承継でのトラブルとして想定される。こうした社内と社外に対する承継トラブルを防ぐためにも、事業承継を行う前に現経営者が適切なサポートを行う必要がある。

　また、本事例では事業承継に当たって役員退職金を支給するが、支給に当たっての甲社の現預金の確認も必要である。幸い甲社は現預金が多額にあり、Ａ氏及びＢ氏への退職金額にはよるが支給に当たってのハードルは高くはないものの、現預金を多額に蓄えている理由については確認が必要である。例えば、新規のソフトウェア開発用に資金を蓄えていた場合、退職金の支給によってプロジェクトの見直しが必要になる可能性がある。事業承継が本業の妨げになることは本末転倒であることから、退職金の支給によるキャッシュフローへの影響については確認をしておく必要がある。

③　甲社の出口戦略について

　Ａ氏及びＢ氏は親族内承継ではなく、親族外への承継を選択したがその選択肢には役員への承継だけでなくM&Aといった外部への売却も検討していた。確かに甲社の会社規模等を考慮すれば外部への売却も容易にできるものと推測

されるが、後継者であるＣ氏が甲社をどのように承継するのかは確認をする必要がある。

　仮に外部への売却を前提とするのであれば、甲社はより企業価値を高めるよう事業拡大や多角化を行う必要があり、親族内や役員・従業員への承継を前提とするのであれば事業拡大だけでなく、後継者の育成も行わなければならない。一般的に後継者の育成には時間を要し、特に後継者となる候補者を確保することは非常に時間を要する。こうした事業戦略とは別の甲社の出口戦略についても検討することが重要であると推測される。

本スキームに代わる最良の提案
後継者への配当還元による中長期的な譲渡

(1) スキーム図と内容

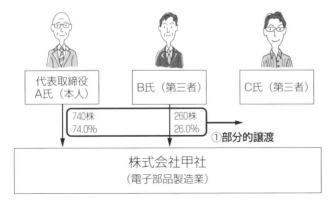

① 　Ａ氏及びＢ氏から議決権が移転しない割合において株式買取りを実施。
② 　Ｃ氏は20％の議決権株式を確保することができ、将来の事業承継に向けて一部実行となる。

【株式譲渡による承継を選択した場合】

(単位：千円)

譲渡者	譲受者	1株単価 ① 配当還元価額	譲渡株式数 ②	譲渡代金 ③ ①×②	取得費 ④ 額面と想定	譲渡税 ⑤ (③-④)× 20.315%	手取り額 ⑥ ③-⑤
A氏	C氏	25,000円	100株	2,500	5,000	0	2,500
B氏			100株	2,500	5,000	0	2,500
合計			200株	5,000	10,000	0	5,000

(2) スキームに関する解説

　あくまでA氏及びB氏の考え次第であるが、親族外へ承継する際に、後継者負担をできる限り軽減させること、また、後継者において会社経営にあらかじめ関わりをもって事業承継の並走期間を作るためにも、経営権に影響がない範囲の割合で自社株を譲渡するものである。

　株主の権利として、3分の1の権限を付与するといわゆる拒否権を持つ株主となるため、当初からその割合までは承継させず、3分の1未満（本スキームでは20％）の範囲でまずは一部承継することでA氏及びB氏において経営権を確保しつつ、将来承継する株式の一部を予め承継することができる。また、その対価は特例的評価方法である配当還元価額で承継が可能となるため、後継者側で自己負担を最小限にとどめることが可能となる。本スキームはあくまで事業承継の準備期間であり、後継者の適正性を見定める時間としても重要である。全て譲渡するまでは一切の議決権付与は望まないとA氏及びB氏が考える場合には、一部譲渡する株式について譲渡直前に無議決権株式として議決権を排除しておくという手法も考えられる。

　一部譲渡については、1回に限らず、期間を空けて複数回実施することも可能である。特に、最初は20％としつつ、次のタイミングで3分の1以上保有させるといった経営の承継期間に徐々に株主権も移していくということも慎重に事業承継を進めていく上では肝要である。

　一部譲渡後は、譲渡した割合分だけ将来の買取金額負担を軽減できることとなるため、一定程度時期を経てC氏ないしC氏の資産管理会社による買取り

（その際にA氏及びB氏の退職も検討）を検討していくこととなる。この間までに、経営関与状況にもよるが、役員報酬の増額等を実施しておくことでC氏の自己余剰資金を増加させることもでき、A氏及びB氏にとっても、少なくとも現状より役員期間が延びることで退職金支給額の増加が検討でき、かつ、退職所得控除も勤続年数増加により増加することで退職金手取り額が結果的に増えることにも繋がる。

　なお、C氏が将来的に残りの株式買取りを実施する上で、資産管理会社による買取りを行う場合は、当初C氏が買い取った株式は個人所有、資産管理会社で買い取った株式は資産管理会社所有となり、C氏による完全支配はできるものの直接保有と間接保有が混在することとなる。この場合には、資産管理会社を親会社とする株式交換を実施することで、C氏が資産管理会社を所有し、甲社株式を資産管理会社が100％保有する関係を構成することができる。

(3)　まとめ

　本事例では、相談を受けた銀行がMBOを提案した事例について解説を行った。親族内で後継者がいない場合には、社内の役員等に会社を任せることも想定されるが、その承継に当たっては並走期間を設けることが望ましい。どの承継においてもいえるが、後継者と先代経営者との間で方針が大きく変わる場合には社内外にも影響が生じるため、順々に承継を進めていくことが望ましいと考える。

第3章　親族外承継でよくある提案事例　　*137*

2 持株会設立と株式の集約に関する提案

　株主が分散している会社は多々あり、経営に関与しない者へ相続等により渡ることによりさらに分散することが想定される。そうした場合には株式が分散しないように経営者等に集約することが一般的ではあるが、譲渡価額によっては集約することが困難であるため集約できずに放置されてしまっていることもある。

　そのような場合に、株式の集約のために持株会の活用が検討される。持株会は分散株式の受け皿となるほか、社員の福利厚生の一助にもなることからその活用方法によっては承継及び経営の両側面に有効であるといえる。

甲社情報

【株式会社甲社】

業種	建設業
資本金等	3,000 千円
発行済株式総数	3,000 株
1 株当たり資本金等	1,000 円
純資産（簿価）	250,000 千円
総資産	550,000 千円
売上高（直近）	100,000 千円
従業員数	36 名

【株主構成】

株主名	続柄	役職	株数	種類	議決権割合	相続税評価額
A 氏	本人	代表取締役	1,200 株	普通株式	40 %	480,000 千円
B 氏	子	取締役	800 株	普通株式	27 %	320,000 千円
C 氏	親族	取締役	400 株	普通株式	13 %	160,000 千円
D 氏	親族		300 株	普通株式	10 %	120,000 千円
E 氏	親族		300 株	普通株式	10 %	120,000 千円
合計			3,000 株		100 %	1,200,000 千円

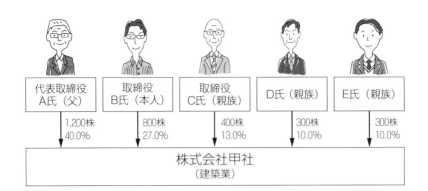

【損益推移】

(単位：千円)

	直前々期の前期	直前々期	直前期	直前期以降
売上高	100,000	90,000	100,000	現状維持
売上原価	40,000	35,000	45,000	
売上総利益	60,000	55,000	55,000	
販売費及び一般管理費	25,000	20,000	22,000	現状維持
営業利益	35,000	35,000	33,000	現状維持
経常利益	35,000	35,000	33,000	現状維持
税引前当期純利益	35,000	35,000	33,000	
当期純利益	22,000	22,000	21,000	増加傾向

【財産推移】

(単位：千円)

	直前々期の前期	直前々期	直前期
現預金	200,000	160,000	150,000
売掛金	180,000	230,000	250,000
その他資産	120,000	130,000	150,000
総資産	500,000	520,000	550,000
未払金	125,000	141,000	150,000
借入金	120,000	110,000	100,000
その他負債	45,000	40,000	50,000
総負債	295,000	291,000	300,000
純資産	207,000	229,000	250,000

第3章 親族外承継でよくある提案事例

個人財産情報

【A氏 財産一覧】

資産	
現預金	20,000 千円
甲社株式	480,000 千円
不動産（自宅）	10,000 千円
資産 計	510,000 千円
借入金	0 千円
負債 計	0 千円
純資産	510,000 千円
相続税額	135,350 千円

（※）配偶者控除考慮なし

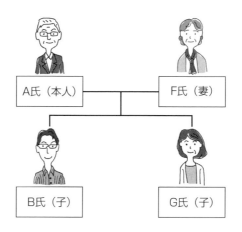

代表者A氏からの相談内容

① 親族であるC氏が退任することが決まり、自身も高齢であることからB氏への株式の集約を検討したい。

② 一方でB氏には資金的余力がなく、また、C氏等の他の株主については高齢かつ相続人も経営に関与していないことから株式の社外流出が大きな懸念として考えている。

③ コンサル会社より、具体的な提案策があると聞いたので、詳細な説明を受けることにした。

A氏から相談を受けたコンサル会社からの提案

持株会を設立し持株会へ譲渡

(1) スキーム図と内容

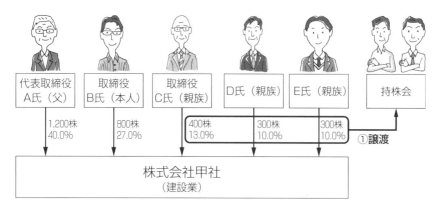

① 従業員を組合員とする従業員持株会を組成。
② C、D、E氏の持株については従業員持株会へ配当還元価額で譲渡。
③ ②と同時に、従業員持株会が保有する株式について、無議決権株式及び配当優先株式の設計を行う。

【株式譲渡による承継を選択した場合】

(単位：千円)

譲渡者	譲受者	1株単価 ① 配当還元価額	譲渡株式数 ②	譲渡代金 ③ ①×②	取得費 ④ 額面と想定	譲渡税 ⑤ (③-④)× 20.315%	手取り額 ⑥ ③-⑤
C氏	持株会	500円	400株	200	400	0	200
D氏			300株	150	300	0	150
E氏			300株	150	300	0	150
合計			1,000株	500	1,000	0	500

第3章 親族外承継でよくある提案事例　141

✒ 顧問税理士として判断すべきポイント

(1) 事前に確認すべき事項

① 持株会へ譲渡する株式

　持株会へ譲渡する株式については、持株会側での取得資金確保の観点もあり、額面以下での買取りが一般的である。そのため、譲渡する株主にとってはこれまでのキャピタルゲインを受けることができず、あくまで出資した金額を限度とする精算が前提となることから、株主がその金額に合意するかどうかがポイントとなる。従来役員であり役員退任をもって精算する場合には、退職金が支払われることで合意に応じてもらえる可能性は一定程度あるものの、単なる株主だった場合に額面以下での買取りに応じてもらえるかどうか事前に確認が必要である。

② 持株会の会員

　従業員持株会であるため、従業員であることが前提となる。そのため、現従業員が何人おり、そのうち、何割程度の者に持株会員とするかについて経営者の意向確認が必要であるとともに、従業員側も参加希望者となる人員がどれだけいるかについても確認が必要である。一般的に上場会社の持株会と異なり、全従業員に割り当てることは望ましくない。未上場の同族会社においては、安定株主としての立場で株式の長期保有を期待して組成するべきであり、入退社による会員数が頻繁に変動してしまうと安定株主として望ましくないためである。そのため、基本的に従業員の中でも一定年数を経過した中堅以上の従業員に限定すべきである。また、定年退職が予定されている従業員については、早期に買取りが想定されるため、年齢や勤続年数等を考慮の上、持株会員を一定数維持できるかどうかを把握しておく必要がある。

③ 持株会の効果と留意点

　会社の安定株主としての立場と、従業員からすれば、会社株式を保有することでの財産形成の立場とそれぞれ効果がある一方、デメリットもあるため、持株会組成の際は、会社及び従業員にとってのメリットデメリットを整理し、理解の上導入すべきである。

	メリット	デメリット等
従業員側	○　中長期的な財産形成の一助となる。 （配当・奨励金）	○　業績悪化時には配当が少ない又は支払われない可能性もある。 ○　キャピタルゲインの確保は難しい。 ○　退職時以外の中途換金が難しい。 ○　会社が倒産した場合は雇用先と資産を同時に失う。 ○　実態のある従業員持株会運営とするために総会開催等手間がかかる。
会社側	○　福利厚生制度の一環とできる。 ○　経営参画意識を醸成させることができる。 ○　長期安定株主の確保ができる。 ○　分散した株式集約の受け皿となる。 ○　株式の社外流出を防止できる。	○　業績が悪くても配当を一定程度出す必要がある場合がある。 ○　高配当が維持できないと社員に不満や不信感が生まれる。 ○　退会者≧入会者の状態が継続する場合、持株会の継続に支障が生じる。 ○　種々の株主権を行使される可能性がある。 ○　決算情報を持株会（＝従業員）へ開示する必要がある。 ○　支払通知書や信託計算書等の事務作業が発生する。

(2)　税務面の確認ポイント

①　適用される株価について

　持株会の組成に当たっては、どのような組成をするかにもよるが、未上場の同族会社においては、民法上の組合形式で組成されることが一般的である。この場合、持株会はあくまで従業員個人の集合体であり、適用される課税関係も個人所得税等になる。そのため、従業員が買い取る際の株価は、親族外の第三者が買い取る場合の株価と同様に、配当還元価額が適用されることになる。したがって、民法上の組合形式で組成される持株会である場合の株価は額面金額相当以下で設定することができる。

	民法上の組合	法人格のない社団
法的性格	民法667条の規定に基づく団体であり、法人格を持たない。	法人格を持たないが、社会的には社団として扱われる（判例）。
税務上の取扱い	法人税の課税なし。 会員個人が受けとる配当金はパススルーで会員に帰属する（所得税課税） 配当所得（配当控除可）。	法人格とみなされて法人税が課税される。 受取配当の益金不算入及び所得税額控除の適用が可能。 会員個人が受ける配当金は雑所得（配当控除不可）。
採用例	ほとんどの会社で採用されている。	「取引先グループ持株会」等で採用されている。
特長	一般的に採用されている。 これは税務上、構成員が配当控除の適用を受けられるという特典があるため。	受取配当の益金不算入制度の活用余地があるが持株会としての採用事例はあまりない。

② 持株会における課税関係

前述のとおり、民法上の組合形式で組成される持株会は、個人の課税関係が適用されることとなるため、持株会として配当金を受け取る場合には、個人の配当所得として課税されることとなる。また、持株会内で会員が変更となる場合、持株会内で入会者と退会者との間で個人的な株式譲渡と同様の効果が生じることとなる。そのため、取得金額よりも高い金額で譲渡した場合には譲渡税が生じることとなる。なお、基本的に持株会においては、額面以下の金額で買取りないし譲渡金額を固定して設計することが一般的であるため、持株会内で会員が変動するとしても譲渡税等は生じないものと思われる。

(3) 経営面の確認ポイント

① 議決権について

持株会については、普通株式を譲渡することもできるが、議決権を与えることとなり、毎期決算等において、持株会に対しても決算内容等を開示する必要が生じる。そのため、議決権割合からすれば経営権に影響はないとしても、持株会に対し議決権を与えないよう、無議決権株式を発行することが望ましい。議決権について経営者がどのような設計を想定しているか、かつ、議決権につ

いてどのように認識しているかを確認しておく必要がある。

② 配当について

　持株会は従業員の福利厚生等従業員にとってメリットがあることが組成の前提となる。安定株主として、中長期的に株式保有を維持してもらう以上、持株会側（従業員側）にとってもメリット（配当金の安定的な支払い）が必要になるものと思われる。なお、同族株主にとっては、配当所得が総合課税ということもあり、役員報酬のほか配当金を受け取ることで多額の所得税等負担も考慮し、持株会と異なり、配当金受領を望まない場合が少なくない。そのため、持株会へは配当し同族株主へ配当しないといった棲み分けのため、持株会保有株式について配当優先株式とする種類株式を発行することも検討することができる。

> ### 💡 本スキームについての補足提案
> #### 中長期的な持株会組成のための設計

　持株会組成は、安定株主対策としても一定程度寄与するものの、中長期的な維持ができることが前提である。過去に持株会を組成したものの持株会の運営が継続できず、既に退職した従業員が会員になっていたり、退職時に買い取ったものの引き受ける従業員がいないことから、実質会社が買取り資金を負担（実質自己株式）しているケースも少なからずある。そのため、持株会を組成する上では中長期的な視野に立って、運営が継続可能かどうかを慎重に検討した上で進めていくことが必要である。もちろん従業員の理解や持株会への関わりも重要であることから、持株会設計や運用について、少なくとも持株会の代表となる従業員の代表者を決め、設計の段階から関わってもらう必要がある。

(1)　持株会の準備
①代表者及び担当者の選出

　持株会は、従業員で構成される組織であり、代表者も従業員の1名が理事長となり運営されることから、その代表者選定が必要になる。また、組成から運

第3章　親族外承継でよくある提案事例　　*145*

営までの事務を取り仕切る事務担当者も選定することが望ましい。配当支払いや金銭管理等が必要になるため、会社の経理部長や経理担当者が事務担当者になることが一般的である。なお、事務担当者は、持株会の事務局となり、従業員からの問合せや入会者の管理を担うこととなる。

②原案検討

　持株会は、会社にとっては安定株主として、また、従業員の経営参画意識を持たせることを期待して組成されるものであり、従業員にとっても、財産形成等の福利厚生に期待して入会するものである。そのため、会社及び経営者は、持株会の基本方針、組入れる株式数、会員数、入会資格、毎年の配当予定額等の運用ルールを、従業員の代表者及び事務担当者とともに検討していく必要がある。また、組み入れる株式については、既存株主から取得する場合、自己株式の処分として割り当てる場合、新株発行して割り当てる場合とがある。手法によって決議する機関が異なるため、承諾を得られるかどうかについても、検討が必要である。

③実施日程の検討

　持株会の大枠ができたら、持株会をいつ組成するのか、また、株式の組入れ時期についておおよそのスケジュールを決めておく必要がある。従業員数によっては、募集期間やその選定に時間がかかることが想定され、1回目の配当をいつにするのかということは組成時期と決算期によって変わることとなる。

④規約等の作成及び発起人の内定

　上記②で検討した内容に基づき、持株会規約案を作成する。持株会の名称や性格、入会資格、退会事由、持株会内の流通価格等、持株会の運営や会社経営において最も重要な文書となる。持株会の規模によっては細則の作成や、持株会と会社間での覚書を作成する場合もある。

　また、組成に当たっては、従業員代表者及び複数名を発起人とし、かつ、理事長、理事、監事等の役員を決める必要があるため、予め面談で本人の希望等も考慮し、指名し内定しておくことが望ましい。

⑤役員会等への報告・募集資料準備

　持株会の内容やスケジュール案を作成したら、役員会等へ報告し承認を得る。

従業員で構成する組織が株主となるため、自社株の譲渡承認（既存株主からの取得の場合）等の決議も必要になる。

　法的な書類ではないが、対象となる従業員（入会資格のある従業員）へアナウンスするための従業員向けの募集要項を作成しておくことが望ましい。従業員によっては、毎年の配当金に関する所得税等の仕組みを理解していないケースもあるため、持株会員になった後の課税関係も含めて資料を作成しておくことが望ましい。

(2)　発起人会等の設立

　従業員の代表者が発起人会や持株会の設立総会を開催し、その際に発起人会等の議事録や設立契約書の調印をする。

　法人組織ではないが、会社と持株会との間の契約、持株会と会員との間の書類作成等もあるため、理事長印、ゴム印等を準備しておく。

　持株会が従業員から株式買取資金を集める際、その資金を従業員の給与から毎月天引きして積み立てる手法を採用する場合があるが、その場合には、給与控除するため労使協定を締結しておく必要がある。

(3)　入会から退会までの手順

　入会希望者に対し、入会手続きを実施する際は、入会申込書のひな型や将来の退会に備えた退会届等のひな型を従業員に対し提供する。

　持株会の資金は、持株会用の預金口座を別途作成し、当該口座で管理するため、理事長名での口座開設を行い、入会者から当該口座へ振り込ませる。

　入会希望者について選定し、入会者が確定し、入会時に資金の振込が完了したら、事務局が持株会の会員名簿を作成する。

　持株会に株式取得のための資金が確保でき、既存株主から取得する場合には、当該株主と持株会との間で株式譲渡契約を締結し、株式取得代金を既存株主へ支払う。

　将来的に、入会した会員が会社を退職する等で会員資格を喪失した場合には、持株会員としての資格も同時に喪失（会社の退職が退会事由である場合）する

第3章　親族外承継でよくある提案事例　*147*

ため、事務局は従業員から退会届を受理し、持株会へ支出していた株式買取資金相当額及び積立金残高の全てを退会する従業員へ返金する必要がある。

(4)　まとめ

　本事例では、相談を受けたコンサル会社が持株会の設立を提案した事例について解説を行った。持株会は安定株主として有効的な方法であるものの、制度設計が要であるため、短期的に株の受け皿として利用するのではなく、中長期的に活用することを前提とした設計としていくことが望ましいと考える。まれに、古くから持株会が株式を保有しているが、その会員の大半が既に退職しているケースや、相続が発生し元従業員の親族が実質会員となっているケースがある。持株会規約が整備されていないか、規約はあるものの運用ができていないことが主な原因であるが、運用ルールの制定と運用の徹底が重要である。

【持株会組成において主に検討しておきたい項目】

項目	内容	方針案
名称	持株会の名称	○○持株会、○○会、○○グループ持株会
移動株式数	譲渡する株式数の決定	所有株式のうち○○株、発行済株数の○％など
対象者・人数	入会資格の決定・人数の決定	一定の勤続年数以上、一定の役職者以上の者など
候補者への説明	入会資格を得た従業員に対する持株会の説明	説明会の開催が望ましい。
理事（役員）	理事の決定	理事長名義で株式は登録され、議決権も理事長が統一行使する（経理部長、総務部長など）。
運営担当者	持株会の運営を行う事務担当者の決定	理事長が兼務することも可能。
株式の譲渡金額	株主から持株会へ譲渡する価額の決定	旧額面金額又は配当還元価額が適当。
株式の買取金額	退会する場合の買取価額の決定	旧額面金額又は配当還元価額が適当。
計算期間	年次報告の基礎となる計算期間の決定	会社の事業年度とあわせる。
配当条件	持株会が保有する配当優先株式の配当金額の決定	「普通株式に対する配当金の○倍」、「出資額の○％」など、確定した数値で定める必要がある。
不足配当の取扱い	定めた配当を支払えない場合の不足額の繰越有無の決定	累積型（後の年度で補填する）、又は非累積型（後の年度で補填しない）
優先配当以上の配当	普通株式に優先配当以上の配当を支払う場合における、優先株式への超過配当の有無の決定	参加型（優先株式に対しても普通株式と同額の配当を支払う）、又は非参加型（優先株式に対しては予め定めた配当しか支払わない）
議決権	持株会が保有する配当優先株式における議決権の有無の決定	無議決権にする。

第3章　親族外承継でよくある提案事例　*149*

【著者プロフィール】

村崎 一貴（むらざき かずたか）

税理士。辻・本郷 税理士法人 事業承継コンサルティングセンター パートナー。静岡事務所所長。

平成 19 年（2007 年）辻・本郷 税理士法人 入所。

オーナー企業の事業承継対策や、個人の資産承継・相続対策、組織再編を中心としたコンサルティング業務に取り組んでいる。

辻・本郷 税理士法人

平成 14 年 4 月設立。東京新宿に本部を置き、日本国内に 90 以上の拠点、海外 7 拠点を持つ、国内最大規模を誇る税理士法人。

税務コンサルティング、相続、事業承継、医療、M & A、企業再生、公益法人、移転価格、国際税務など各税務分野に専門特化したプロ集団。

弁護士、不動産鑑定士、司法書士との連携により顧客の立場に立ったワンストップサービスと、あらゆるニーズに応える総合力をもって多岐にわたる業務展開をしている。

顧問税理士のための
金融機関が提案する事業承継プランの構造がわかる本

2024年11月15日　初版発行

著　者　　村崎一貴
発行者　　大坪克行
発行所　　株式会社 税務経理協会
　　　　　〒161-0033東京都新宿区下落合1丁目1番3号
　　　　　http://www.zeikei.co.jp
　　　　　03-6304-0505
印　刷　　美研プリンティング株式会社
製　本　　牧製本印刷株式会社
デザイン　株式会社グラフィックウェイヴ
編　集　　中村謙一

本書についての
ご意見・ご感想はコチラ

http://www.zeikei.co.jp/contact/

本書の無断複製は著作権法上の例外を除き禁じられています。複製される場合は,そのつど事前に,出版者著作権管理機構(電話03-5244-5088,FAX03-5244-5089, e-mail: info@jcopy.or.jp)の許諾を得てください。

JCOPY　＜出版者著作権管理機構 委託出版物＞

ISBN 978-4-419-07234-6　C3034

© 村崎一貴 2024 Printed in Japan

.